HITLER ET LE PUTSCH DE LA BRASSERIE

Munich, 8/9 novembre 1923

Allemagne d'hier et d'aujourd'hui

Collection fondée et dirigée par Thierry Feral

L'Histoire de l'Allemagne, bien qu'indissociable de celle de la France et de l'Europe, possède des facettes encore relativement méconnues. Le propos de cette collection est d'en rendre compte.
Constituée de volumes facilement abordables pour un large public, tout en préservant le sérieux et l'érudition indispensables aux sciences humaines, elle est le fruit de travaux de chercheurs d'horizons très variés, tant par leur discipline, que leur culture ou leur âge.
Derrière ces pages, centrées sur le passé comme sur le présent, le lecteur soucieux de l'avenir trouvera motivation à une salutaire réflexion.

Dernières parutions

Evelyne BRANDTS, Rainer RIEMENSCHNEIDER, *Déchirures culturelles, expériences allemandes. Les rapports de civilisations dans l'œuvre de Catherine Paysan,* 2012.
Didier CHAUVET, *Le nazisme et les Juifs. Caractères, méthodes et étapes de la politique nazie d'exclusion et d'extermination,* 2011.
Ralph KEYSERS, *L'intoxication nazie de la jeunesse allemande*, 2011.
Hanania Alain AMAR, *Arthur Koestler, La rage antitotalitaire, Essai*, 2011.
Titus MILECH, *Le lieu du crime. L'Allemagne, l'inquiétante étrange patrie*, 2011.
Laura GOULT, *L'enlèvement d'Europe. Réflexion sur l'exil intellectuel à l'époque nazie*, 2010.
Jacques DURAND, *Le roman d'actualité sous la République de Weimar*, 2010.
Thierry FERAL, *Le « nazisme » en dates, novembre 1918-novembre 1945*, 2010.
Marie-Amélie zu SALM-SALM, *Témoignages sur les échanges artistiques franco-allemands après 1945*, 2009.

Didier CHAUVET

HITLER ET LE PUTSCH DE LA BRASSERIE

Munich, 8/9 novembre 1923

L'Harmattan

Du même auteur :

Sophie Scholl : une résistante allemande face au nazisme, L'Harmattan 2004 (collection Allemagne d'hier et d'aujourd'hui, dirigée par Thierry Feral).

Georg Elser et l'attentat du 8 novembre 1939 contre Hitler, L'Harmattan 2009 (collection Historiques, série Travaux, dirigée par Bruno Péquignot et Denis Rolland).

Le nazisme et les Juifs : caractères, méthodes et étapes de la politique nazie d'exclusion et d'extermination, L'Harmattan 2011 (collection Allemagne d'hier et d'aujourd'hui, dirigée par Thierry Feral).

© L'HARMATTAN, 2012
5-7, rue de l'École-Polytechnique ; 75005 Paris
http://www.librairieharmattan.com
diffusion.harmattan@wanadoo.fr
harmattan1@wanadoo.fr
ISBN : 978-2-296-96100-5
EAN : 9782296961005

A Célina
A Benjamin
A Chloé
A Léo

« Avec le recul, suivant le putsch de la brasserie, l'année 1924 apparaît comme le moment où, tel un phénix renaissant de ses cendres, Hitler put commencer à s'extraire des décombres d'un mouvement *völkisch* éparpillé pour devenir le chef absolu, dominant sans partage un parti nazi réformé, plus solidement structuré et mieux soudé. »

Ian KERSHAW, *Hitler. 1889-1936*, Paris, Flammarion, 2001, p. 331.

« L'acceptation d'un haut niveau de violence politique est l'une des marques de la culture politique en Allemagne entre les deux guerres. La déshumanisation de la société née du conflit mondial et de la quasi-guerre civile, puis des bouleversements et des troubles révolutionnaires, eut pour effet de rendre plus tolérable une violence paradoxalement censée servir les intérêts d'un retour à l'ordre. [...] C'est une mentalité qui contribua non seulement à la montée du nazisme, mais aussi à l'indifférence morale à la violence qui fut généralisée sous le IIIe *Reich* lui-même. »

Ian KERSHAW, *Hitler. 1889-1936*, Paris, Flammarion, 2001, p. 261.

PREAMBULE

Alors que l'échec du putsch de la brasserie (*Hitler-putsch*) aurait dû marquer la fin de l'aventure politique d'Adolf Hitler (1889-1945), il marqua au contraire par les événements qui suivirent (procès tribune pour Hitler, publication de *Mein Kampf*, nouveaux choix stratégiques, prédominance sur l'extrême-droite traditionnelle) le point de départ de son ascension vers les sommets. C'est à ce titre que ce putsch de la brasserie et les mois qui suivirent sont très importants dans l'histoire du nazisme. D'ailleurs, chaque année, la date anniversaire du putsch était fêtée dans une ambiance quasi-religieuse par Hitler et tous les hauts dignitaires nazis. En effet, ce putsch avorté, trop improvisé et mal ficelé, qui visait à renverser le régime de Berlin en prenant d'abord le pouvoir en Bavière, ne fut pas sanctionné par la Justice allemande à la hauteur de ce que prévoyait et permettait l'article 81 du Code pénal en de telles circonstances : la détention à perpétuité. Hitler, au terme d'un procès complètement faussé qui lui fit la part belle, ne fut condamné qu'à seulement cinq ans de détention entre les murs de la forteresse de Landsberg am Lech[1], petite ville pittoresque de Bavière sur la « Route romantique » (*Romantische Straße*). Il s'agissait là de la peine plancher pour des actes de haute trahison. Il aurait pu également être expulsé d'Allemagne vers l'Autriche de manière irrévocable comme le permettait le paragraphe 9, alinéa 2, de la Loi sur la protection de la République votée le 21 juillet 1922 après l'assassinat perpétré par l'extrême-

1 La prison est aujourd'hui gérée par le ministère bavarois de la Justice. A la fin de la guerre, les Américains choisirent cette prison pour y incarcérer de nombreux criminels nazis. Au total, 110 prisonniers condamnés à Nuremberg y furent enfermés ainsi que 1416 criminels de guerre des procès de Dachau. 275 prisonniers nazis y furent exécutés dont les principaux membres des *Einsatzgruppen* qui y furent pendus le 7 juin 1951.

droite contre le ministre du *Reich* aux Affaires étrangères, Walther Rathenau (1867-1922), qui fut abattu par deux hommes qui dépassèrent son véhicule sur la route entre sa villa de Grunewald et le ministère. En effet, n'étant pas au moment des faits titulaire de la nationalité allemande, Hitler tombait sous le coup d'une telle procédure. Mais, lui trouvant des circonstances qui plaidaient en faveur de son engagement à se comporter et à penser comme un Allemand, le tribunal acquis à sa cause n'envisagea même pas de recourir à cette possibilité[2]. Finalement, Hitler n'accomplit que neuf mois de détention puisqu'il obtint rapidement une libération sur parole avec l'appui du directeur de la prison[3]. Paradoxalement, cette période d'emprisonnement fut fructueuse pour Hitler puisqu'il en profita pour dicter son livre *Mein Kampf*, mais également pour réfléchir à l'avenir et décider d'abandonner la voie de la conquête du pouvoir par la force pour embrasser la voie de la conquête du pouvoir par les urnes en s'appuyant sur un parti fort[4] sans pour autant bien entendu se transformer en démocrate, comme le souligne l'historien Joachim Fest : « Il ne faut pas en déduire qu'Hitler était prêt à accepter la légalité comme une barrière inviolable, mais seulement qu'il était décidé à développer l'illégalité à l'abri de la légalité[5]. »

---

2 Lothar GRUCHMANN, Reinhard WEBER, Otto GRITSCHNEDER, *Der Hitler-Prozess 1924*. 4 volumes, München, Saur KG Verlag 2000.

3 H.H. HOFMANN, *Der Hitlerputsch. Krisenjahre deutscher Geschichte, 1920-1924*, München 1961.

4 Mathias RÖSCH, *Die Münchner NSDAP. Eine Untersuchung zur inneren Struktur der NSDAP in der Weimarer Republik*, München, Oldenbourg Wissenschaftsverlag, 2002.

5 Joachim FEST, *Hitler. Jeunesse et conquête du pouvoir,* Paris, Gallimard 1973, p. 233.

Avant le putsch de la brasserie, Hitler et la NSDAP n'étaient pratiquement pas connus du grand public allemand. Le putsch permit à Hitler de se faire connaître hors des frontières de la Bavière et, plus tard, d'asseoir son autorité sur les mouvances d'extrême-droite. L'étranglement et la colère de la société allemande avec l'hyperinflation et l'occupation de la Ruhr qui aboutit à une très notable augmentation d'un sentiment nationaliste, les projets de sédition qui germaient dans l'esprit de bons nombre d'ennemis de la République de Weimar, permirent à Hitler d'obtenir une fenêtre d'action au cœur d'une Bavière qui défiait l'autorité de Berlin en refusant notamment d'appliquer sur son territoire l'interdiction des groupes d'extrême-droite voulue par le président Friedrich Ebert[6] (1871-1925). Mais cette fenêtre d'action était malgré tout assez étroite. Craignant que la colère du peuple ne finisse par s'apaiser ou que d'autres habiles politiciens agitateurs ne le devancent, Hitler précipita le mouvement et lança son offensive le 8 novembre 1923 à Munich.

6 Friedrich Ebert, ancien ouvrier sellier, militant politique précoce, fut le premier président de la République de Weimar du 11 février 1919 jusqu'au 28 février 1925. Membre du secrétariat du SPD à Brême en 1900, secrétaire du SPD à Berlin en 1906, député dès 1912, il succéda à August Bebel à la présidence du SPD en 1913 et transforma ce parti, marxiste au départ, en un parti de centre gauche. Georg KOTOWSKI, *Friedrich Ebert. Eine politische Biographie*, Steiner, Wiesbaden 1963.

I

LES PUTSCHS ET INSURRECTIONS ANTERIEURS

Très vite, la République de Weimar fut combattue avec véhémence par des opposants de tous bords. En premier lieu, l'état-major, les cadres de la *Reichswehr.* A droite toujours, parmi les plus farouches adversaires se trouvaient les *Junkers*, ces grands propriétaires fonciers de l'Est et du Nord de l'Allemagne qui demeuraient très proches de la monarchie. Ils financèrent beaucoup de corps-francs (*Freikorps*) composés d'officiers et de soldats démobilisés par la fin de la guerre. Les grands industriels, propriétaires également de groupes de presse tel Alfred Hugenberg (1865-1951), s'opposèrent à la République de Weimar, notamment au niveau de la politique économique. Enfin, certains magistrats, des hauts fonctionnaires issus de l'ancien régime se montrèrent favorables à l'agitation d'extrême-droite. Des journaux, comme le *Miesbacher Anzeiger*, un journal provincial bavarois, entretenaient par des articles haineux une « atmosphère dangereusement explosive » selon les mots de l'historien Heinrich A. Winkler. Autre exemple de cette attitude violente et haineuse, la presse liée à l'extrême-droite, tel le journal de Prusse orientale, *Oletzkoer Zeitung,* revint avec délectation sur l'assassinat du ministre Matthias Erzberger (1875-1921) lors du procès de Manfred Killinger[7] qui avait donné l'ordre d'agir aux tueurs (Tillessen et Schulz)[8] :

« [...] un homme qui, comme Erzberger, portait la responsabilité majeure de notre malheur ne pouvait demeurer un danger constant pour l'Allemagne[9]. »

7 Bert WAWRZINEK, *Manfred von Killinger 1886-1944. Ein politischer Soldat zwischen Freikorps und Auswärtigem Amt.* DVG Preußisch Oldendorf 2004.

8 Cf. Thierry FERAL, *Culture et dégénérescence en Allemagne*, Paris, L'Harmattan, 1999, p. 61.

9 *Oletzkoer Zeitung*, juin 1922.

Le *Berliner Lokalanzeiger* surenchérit même en écrivant éprouver une compréhension sans bornes pour les hommes responsables de cet assassinat[10].

En ce qui concernait la gauche, l'opposition à la République de Weimar émanait principalement des communistes[11] qui parvinrent à gagner une partie des masses à leur cause vers une bolchevisation. Ainsi, de très fortes tensions opposèrent les communistes au SPD[12] (*Sozialdemokratische Partei Deutschlands*).

Adolf Hitler ne fut pas le seul en Allemagne à chercher à prendre le pouvoir par la force. D'autres hommes et d'autres organisations politiques ou paramilitaires cherchèrent à atteindre le même objectif, que se soit au niveau local ou national. En effet, en

---

10 Heinrich A. WINKLER, *Histoire de l'Allemagne 19e-20e siècle: le long chemin vers l'Occident,* Paris, Fayard 2005.

11 Ossip K. FLECHTHEIM, *Die Kommunistische Partei Deutschlands in der Weimarer Republik*, Bollwerk-Verlag, Offenbach 1948 (en français: *Le Parti communiste allemand (K.P.D.) sous la République de Weimar,* Maspero 1972), Klaus-Michael MALLMANN, *Kommunisten in der Weimarer Republik. Sozialgeschichte einer revolutionären Bewegung*, Wissenschaftliche Buchgesellschaft, Darmstadt 1996, Oskar HIPPE, *Et notre drapeau est rouge. Du Spartakusbund à la IVe Internationale*, éditions La Brèche, 1985.

12 Sonia DAYAN-HERZBRUN, *L'invention du parti ouvrier allemand: aux origines de la social-démocratie*, Paris, L'Harmattan 1990, Elie HALEVY, *Histoire du socialisme européen*, Paris, Gallimard 2006, Joseph ROVAN, *Histoire de la Social-Démocratie allemande*, Paris, Le Seuil 1979, Franz WALTER, *Die SPD: Biographie einer Partei*, Berlin, Rororo 2009, Franz WALTER, *Die SPD. Vom Proletariat zur neuen Mitte*, Berlin, Alexander Fest Verlag 2003, Fondation Friedrich Ebert Bad Godesberg (*Archiv der sozialen Demokratie*).

l'espace de cinq années, des dernières semaines de la guerre de 1914-1918 puis ensuite pendant l'immédiate après-guerre jusqu'en novembre 1923, l'Allemagne fut marquée par des insurrections et des tentatives de putschs. La révolution de Novembre[13] (*Novemberrevolution*), la révolte spartakiste[14] (*Spartakusaufstand*), la marche sur Berlin de l'escadron de cavalerie du commandant Waldemar Pabst[15] (1880-1970), les agissements de la *Reichswehr* noire[16] (*Schwarze Reichswehr*), le putsch de Wolfgang Kapp[17] (*Kapp-Putsch*), le putsch de l'*Orgesch*[18]. De toutes ces tentatives de sédition, une seule parvint à un aboutissement favorable pour ses auteurs : le putsch de l'*Orgesch* à Munich.

Mais, l'agitation politique ne revêtait pas uniquement l'aspect du putsch ou d' assassinats politiques.

---

13 Sebastian HAFFNER, *Die deutsche Revolution 1918/1919.* München 1979, Gerhard A. RITTER, Susanne MILLER, *Die deutsche Revolution 1918-1919. Dokumente.* Frankfurt am Main 1983, Wolfgang RUGE, *Novemberrevolution*, Berlin, Dietz, 1978.

14 Ottokar LUBAN, *Die ratlose Rosa. Die KPD-Führung im Berliner Januaraufstand 1919. Legende und Wirklichkeit.* Hamburg 2001.

15 Klaus GIETINGER, *Der Konterrevolutionär. Waldemar Pabst. Eine deutsche Karriere.* Hamburg, Nautilus 2009, Doris KACHULLE, *Waldemar Pabst und die Gegenrevolution. Vorträge, Aufsätze,* Berlin, Organon, 2007.

16 Bernhard SAUER, *Schwarze Reichswehr und Fememorde. Eine Milieustudie zum Rechtsradikalismus in der Weimarer Republik.* Metropol-Verlag, Berlin 2004.

17 Johannes ERGER, *Der Kapp-Lüttwitz-Putsch. Ein Beitrag zur deutschen Innenpolitik 1919/1920.* Droste, Düsseldorf 1967, Erwin KÖNNEMANN, Gerhard SCHULZE, *Der Kapp-Lüttwitz-Ludendorff-Putsch. Dokumente.* Olzog, München 2002, Hans J. REICHARDT, *Kapp-Putsch und Generalstreik März 1920 in Berlin*, Nicolaische Verlagsbuchhandlung Beuermann, Berlin 1990.

18 Horst NUSSER, *Konservative Wehrverbände in Bayern, Preußen und Österreich 1918-33. Mit einer Biographie des Forstrates Georg Escherich 1870-1941.* 2. Auflage. Nußer, München 1990.

Elle prenait aussi d'autres formes comme le souligne l'historien Pierre Broué :

« De 1918 à 1923, dans l'Allemagne des révolutions, la lutte n'est pas tous les jours combat de rues, assaut de barricades, ne se mène pas seulement à la mitrailleuse, au mortier et au lance-flamme. Elle est aussi et surtout le combat obscur dans les usines, les mines, les maisons du peuple, dans les syndicats et les partis, dans les meetings publics et les réunions de comités, dans les grèves, politiques et économiques, dans les manifestations de rues, la polémique, les débats théoriques[19]. »

Des polémiques et des débats relayés par de nombreux organes de presse d'opinion, autorisés ou clandestins, qui se livraient de sévères joutes.

Afin de dresser le profil de l'Allemagne à cette époque et ainsi mieux comprendre le déroulement des événements, il faut savoir qu'en 1871, un tiers des Allemands vivaient dans les grandes villes, mais juste avant la guerre de 14-18 la population allemande — une population essentiellement ouvrière — se retrouvait pour les deux-tiers dans les villes[20]. Le Grand Berlin abritait 4 200 000 personnes (dont 3 730 000 pour Berlin même), Hambourg 932 000, Munich 595 000, Leipzig 588 000, Dresde 547 000, Cologne 516 000, Breslau 512 000, Francfort/Main 415 000, Essen et Düsseldorf entre 300 et 350 000, Brême et Chemnitz entre 250 et 300 000[21]. D'autre part, 3 300 000 ouvriers agricoles travaillaient

---

19 Pierre BROUE, *Révolution en Allemagne 1917-1923*, Paris, Editions de Minuit 1971, p.12.
20 *Ibid.*, p.17.
21 Patrice NEAU, *L'Empire allemand*, Paris, PUF 1997, p.51.

dans de nombreuses exploitations, dont 369 couvraient plus de 1000 hectares[22]. L'évolution démographique du pays suivait une courbe en augmentation régulière : 56 millions d'habitants en 1900, 60,3 millions en 1905, 64 millions en 1910, 67,9 millions en 1915[23].

Quelques grands industriels tenaient entre leurs mains des pans entiers de l'économie allemande. Emil Kirdorf[24] (1847-1938) président des charbonnages de Rhénanie-Westphalie contrôlait 87% de la production houillère[25], August Thyssen[26] (1842-1926) était à la tête avec son frère Joseph (1844-1915) puis Fritz Thyssen[27] (1873-1951, fils d'August) de mines de charbon et de fer, de hauts fourneaux, laminoirs, usines métallurgiques, Alfred Krupp[28] (1812-1887), le « roi du canon » (*Kanonenkönig*), puis son fils Friedrich Alfred Krupp[29] (1854-1902) et sa petite fille Bertha[30] (1886-1957), avaient plus de 70 000 salariés sous leurs ordres dont 40 000 rien qu'à Essen qui ressemblait alors à un gigantesque atelier

---

22 P. RENOUVIN, *L'Empire allemand de 1890 à 1918*, I, p.71.

23 Patrice NEAU, *L'Empire allemand*, *opus cit.*, p.48.

24 Walter BACMEISTER, *Emil Kirdorf. Der Mann. Sein Werk*, Essen 1936.

25 P. RENOUVIN, *L'Empire allemand de 1890 à 1918*,*opus cit.*, p.31.

26 Stephan WEGENER, *August und Josef Thyssen. Die Familie und ihre Unternehmen.* Klartext, Essen 2004. Jörg LESCZENSKI, *August Thyssen 1842-1926. Lebenswelt eines Wirtschaftsbürgers.* Klartext, Essen 2008.

27 Hans O. EGLAU, *Fritz Thyssen. Hitlers Gönner und Geisel,* Siedler, Berlin 2003.

28 William MANCHESTER, *The Arms of Krupp.* Michael Joseph Ltd., London 1968.

29 Michael EPKENHANS, Ralf STREMMEL, *Friedrich Alfred Krupp. Ein Unternehmer im Kaiserreich.* Beck, München 2010.

30 Son prénom fut donné au célèbre canon allemand de la Première Guerre mondiale « la grosse Bertha ».

avec 150 kilomètres de voies ferrées intramuros[31]. De grands groupes comme la *Hamburg Amerika* ou encore la *Norddeutscher Llyod* avaient la main mise sur près de 50% du trafic maritime[32]. La bourgeoisie fortunée était représentée par 250 000 personnes[33], soit un faible pourcentage de la population totale. La bourgeoisie intermédiaire était représentée par un peu plus de 2 millions de personnes[34], soit au total 5% de la population globale[35]. Par contre, les ouvriers (femmes et enfants inclus) étaient représentés par presque 13 millions de personnes, soit 67 à 68% de la population globale[36]. A cette époque, l'Allemagne était donc un pays à très forte prolétarisation de sa population. En 1918, l'Allemagne comptait presque 3 millions de personnes syndiquées[37].

---

31 Pierre BROUE, *Révolution en Allemagne 1917-1923*, *opus cit.*, p.31.
32 P. RENOUVIN, *L'Empire allemand de 1890 à 1918*, *opus cit.*, p.65.
33 Edmond VERMEIL, *L'Allemagne contemporaine, sociale, politique, culturelle (1890-1950)*, 3 vol., Paris 1952, I, p.92.
34 *Ibid.* I, p.92-93.
35 *Ibid.*
36 *Ibid.*
37 Patrice NEAU, *L'Empire allemand*, *opus cit.*, p.25.

La révolution de Novembre

Pendant la première quinzaine de janvier 1918, la Ligue Spartakiste[38] (*Spartakusbund*) appelait déjà le peuple à se soulever contre le pouvoir en place. La Ligue spartakiste, mouvement d'extrême-gauche marxiste révolutionnaire, tirait son nom de Spartacus, le meneur de la plus vaste rébellion d'esclaves de la République romaine. Fondée en 1914 par plusieurs personnalités charismatiques (Rosa Luxemburg, Karl Liebknecht, Clara Zetkin...) la Ligue spartakiste se transforma en décembre 1918 en KPD (*Kommunistische Partei Deutschlands*), le Parti communiste d'Allemagne[39]. Ainsi, un tract diffusé le 10 janvier disait :

> « Si la population laborieuse n'affirme pas sa volonté, il pourra sembler que les masses du peuple allemand approuvent les actes de la classe dirigeante. […] L'heure a sonné pour vous d'élever la voix pour une paix sans annexions ni indemnités sur la base du droit des peuples à disposer d'eux-mêmes. Vous avez la parole[40]! »

Du 28 janvier au 3 février 1918 se déroula une grève générale des ouvriers allemands afin d'obtenir une « conclusion rapide d'une paix sans annexion » et qui visait aussi la levée de l'état de siège (*Ausnahmezustand*) en vigueur depuis le début de la guerre. Les grévistes demandaient également une prompte libération des prisonniers politiques et une démocratisation des

38 Issue de l'USPD, lui-même issu de la scission du SPD.

39 O.K. FLECHTHEIM, *Le Parti communiste allemand sous la République de Weimar*, Paris, François Maspero 1972.

40 Richard MÜLLER, *Vom Kaiserreich zur Republik*, 2 vol., Berlin 1925.

institutions. Environ un million d'ouvriers adhérèrent à ces revendications et rejoignirent le mouvement de grève. Le pays était fatigué par la guerre qui n'en finissait pas et les multiples privations qui l'accompagnaient. A la fin de 1918, la ration alimentaire quotidienne ne dépassait pas 1300 calories et de nombreuses maladies épidémiques comme le typhus n'étaient pas rares. La gravité de la situation militaire qui se fit jour à l'automne 1918 permit au mouvement révolutionnaire d'exploiter la situation et d'essayer de donner un cadre politique aux manifestations inorganisées de la population.

Le 30 janvier, le *Vorwärts* (organe officiel du SPD) fut interdit pour propagation de fausses nouvelles. Le journal avait annoncé la présence de 300 000 grévistes aux manifestations du 29 janvier[41]. Des heurts éclatèrent à Berlin entre grévistes et policiers. Un grand rassemblement fut organisé le 31 janvier au parc Treptow, malgré l'hostilité des autorités. Plusieurs arrestations se produisirent, dont celle de Wilhelm Dittman (1874-1954), politicien de gauche, qui fut condamné ensuite à cinq ans d'emprisonnement[42].

Le 1er octobre 1918, la Ligue spartakiste appela à la révolution et à la création de conseils d'ouvriers. La Ligue spartakiste demandait l'arrêt de la guerre et le pouvoir pour les conseils d'ouvriers et fit paraître plusieurs journaux qui donnèrent de l'écho à ses actions et à ses projets : *Die Internationale* (censurée), *Spartakusbriefe* (Lettres de Spartacus), *Die Rote Fahne* (le drapeau rouge).

---

41 Pierre BROUE, *Révolution en Allemagne 1917-1923*, *opus cit.*, p.115.
42 Richard MÜLLER, *Vom Kaiserreich zur Republik*, *opus cit.*, p.107.

Le 21 octobre 1918, le *Vorwärts* publia un article intitulé « Dictature ou démocratie » qui pointait bien les profondes divergences qui existaient entre le SPD et les Spartakistes. Les nouveaux horizons politiques que chacun entendait suivre n'étaient pas compatibles :

« La révolution russe a écarté la démocratie et établi à sa place la dictature des conseils d'ouvriers et de soldats. Le parti social-démocrate rejette sans équivoque la théorie et la méthode bolcheviques pour l'Allemagne et se prononce pour la démocratie[43]. »

Depuis le 23 octobre 1918, le SPD manœuvrait pour contraindre Guillaume II à abdiquer[44]. Ebert et Scheidemann usèrent de leur habileté et de leur force de conviction pour aboutir au départ de Guillaume II afin de repousser une prévisible révolution bolchevique qu'ils estimaient imminente. Ainsi, une lettre en date du 3 novembre 1918 de Konrad Harnisch (1876-1925), journaliste et membre du SPD, résume bien les craintes des dirigeants du SPD[45] :

« Il s'agit de la lutte contre la révolution bolchevique qui monte, toujours plus menaçante, et qui signifierait le chaos. La question impériale est étroitement liée à celle du danger bolchevique. Il faut sacrifier l'Empereur pour sauver le pays. Cela n'a absolument rien à voir avec un quelconque dogmatisme républicain. »

---

43 *Vorwärts* du 21 octobre 1918.

44 Philipp SCHEIDEMANN, *Mémoires*, II, p.262.

45 John MATTHIAS, Konrad Haenisch (1876-1925) - *Und von Stund an ward er ein anderer,* Berlin, Trafo-Verlag 2003.

Les premiers soubresauts qui permirent l'installation de la République se déroulèrent le 28 octobre 1918 à Wilhelmshaven (Basse-Saxe) lorsque un millier de marins refusèrent d'appareiller et furent ensuite arrêtés[46]. Cinq navires furent finalement envoyés à Kiel[47] (Schleswig-Holstein). Le 30 octobre 1918, Kiel fut à son tour le théâtre du refus des marins de deux navires de guerre d'appareiller. Dès le lendemain, 400 marins mutins se retrouvèrent emprisonnés. Ce fut l'élément déclencheur de la révolution allemande. L'explosion révolutionnaire de novembre débuta de manière presque indépendante, c'est-à-dire sans le soutien des organisations révolutionnaires qui furent débordées et surprises par la base. Des réunions de marins furent organisées à la maison des syndicats de Kiel le 1er novembre et sur la place d'exercice le 2 novembre. Du 1er au 3 novembre, des manifestations de marins se déroulèrent à Kiel pour obtenir la libération des mutins emprisonnés. Les équipages de six cuirassés avaient hissé le drapeau rouge. Le 3 novembre, une manifestation de marins se heurta violemment à la police qui fit alors feu. On releva neuf morts et vingt-neuf blessés[48]. Le 5 novembre, une grève générale paralysa Kiel et des conseils d'ouvriers et de soldats se formèrent. Le lendemain, suivant l'exemple de Kiel, les autres grandes villes d'Allemagne du Nord, Hambourg où le quotidien *Hamburger Echo* fut occupé[49], Brême, furent à leur tour le théâtre d'une grève générale et de la création de ces mêmes conseils d'ouvriers et de soldats. Le 5 novembre,

46 Pierre BROUE, *Révolution en Allemagne 1917-1923, opus cit.*, p.145.
47 *Ibid.*
48 *Ibid.*
49 Eberhard KOLB, *Die Arbeiterräte in der deutschen Innenpolitik 1918-1919*, Düsseldorf, Droste 1962, p.67.

Gustav Noske[50] (1868-1946) fut dépêché à Kiel par le gouvernement pour essayer d'inciter les insurgés à rendre leurs armes en échange d'une amnistie[51]. Il échoua, car il ne s'agissait pas d'une simple mutinerie mais du début d'un mouvement révolutionnaire général. Il décida alors de prendre le titre de gouverneur de Kiel et ainsi obtenir la tête du conseil central[52]. Le 7 novembre vit des soulèvements embraser Munich (où les révolutionnaires proclamèrent la déchéance des Wittelsbach), Cologne, Hanovre, Brunswick (le duc de Brunswick abdiqua le 8 sous l'action commune des marins venus des ports du Nord et des groupes spartakistes et ouvriers[53]), Stuttgart, Leipzig, Chemnitz, Düsseldorf où un train de prisonniers fut arrêté[54], Halle où des casernes furent occupées, Erfurt, Hanau où de violents combats opposèrent les manifestants à la police[55]... Dans chacune de ces villes des conseils d'ouvriers et de soldats furent également créés. Friedrich Ebert déclara au chancelier Max von Baden (1867-1929) : « Si l'Empereur n'abdique pas, alors la révolution sociale est inévitable, mais je ne la veux pas, non, je hais la

50 Gustav Noske fut garçon boucher, bûcheron avant d'entrer au SPD à 28 ans. Il fut ensuite rédacteur en chef du journal social-démocrate de Brandebourg, puis ensuite du *Volksstimme* de Chemnitz. Il fut élu en 1906 au *Reichstag* et se spécialisa dans les questions militaires.

51 Gustav NOSKE, *Von Kiel bis Kapp. Zur Geschichte der deutsche Revolution,* Berlin, Verlag für Politik und Wirtschaft 1920.

52 Alain GUILLERM, *Rosa Luxemburg: la rose rouge*, Paris, Picollec 2002, p.186.

53 Alfred WAHL, L'Allemagne de 1918 à 1945, Paris, Armand Colin 2004, p.9.

54 Eberhard KOLB, *Die Arbeiterräte in der deutschen Innenpolitik 1918-1919, opus cit.* p.68.

55 Friedrich SCHNELLBACHER, *Hanau in der Revolution*, Han. Kulturverein, 1988, p.13.

révolution comme le péché[56] ». Le 9 novembre, l'agitation gagna Berlin avec l'arrivée de plus de 3000 marins de la flotte qui fraternisèrent avec la foule. Guillaume II renonça à son trône vers midi et le chancelier Max von Baden remit ses pouvoirs à l'incontournable Friedrich Ebert (SPD). A 13 heures, Ebert accepta d'assumer la charge de chancelier du *Reich*. Il tendit la main aux indépendants et ne referma pas la porte à une participation de Karl Liebknecht[57] (1871-1919) au gouvernement[58]. Ce même jour, Philipp Scheidemann (1865-1939), l'un des leaders expérimentés du SPD, proclama à Berlin vers 14 heures, sans avoir consulté au préalable Friedrich Ebert[59], la «République allemande», pour devancer la proclamation d'une République socialiste par Karl

---

56 Alain GUILLERM, *Rosa Luxemburg: la rose rouge*, *opus cit.*, p.185.

57 Karl Liebknecht, fils du fondateur du SPD, était un avocat communiste révolutionnaire allemand, membre du Parti social-démocrate d'Allemagne (SPD). Il s'engagea pour le droit d'organisation des jeunes dans des organisations politiques et surtout contre le militarisme. Son livre *Militarisme et antimilitarisme* entraîna un procès et une peine de prison de 18 mois, durant laquelle il fut élu député au *Reichstag*. En raison de son opposition à la Première Guerre mondiale, il fut emprisonné et exclu du SPD. Il a co-fondé avec Rosa Luxemburg la Ligue spartakiste puis le Parti communiste d'Allemagne (KPD). Annelies LASCHITZA, *Karl Liebknecht. Eine Biographie in Dokumenten.* Berlin, Aufbau Verlag 1987, Annelies LASCHITZA, *Die Liebknechts.Karl und Sophie – Politik und Familie.* Aufbau Verlag, Berlin 2007, Helmut TROTNOW, *Karl Liebknecht – eine politische Biographie.* Köln 1980, Karl W. MEYER, *Karl Liebknecht: Man without a Country,* Washington 1957, Willy KERFF, *Karl Liebknecht 1914 bis 1916. Fragment einer Biographie,* Berlin, Dietz 1967.

58 Hermann MÜLLER, *Die Novemberrevolution*, Berlin 1931, p.52.

59 Friedrich Ebert trouvait pour sa part le procédé illégal et préférait s'en remettre à la prochaine Assemblée constituante, seule habilitée, à ses yeux, pour décider d'une telle chose.

Liebknecht. En effet, les principaux chefs du SPD souhaitaient fermement barrer la route au bolchevisme. De fait, la journée du 9 novembre cristallisa des aspirations très contradictoires. D'un côté, le SPD désirait assurer la réalité du pouvoir en ne remettant pas en cause le système politique allemand, en écartant cependant la monarchie. De l'autre côté, les socialistes révolutionnaires qui voyaient dans cette journée le point de départ d'un processus plus large proche du modèle révolutionnaire bolchevique. La déclaration de Philipp Scheidemann fut la suivante :

« Ouvriers et soldats ! Les quatre années de guerre ont été terribles, les sacrifices que le peuple a dû consentir avec ses biens et avec son sang ont été effroyables, cette guerre sinistre est terminée. La tuerie a pris fin. Nous subirons encore longtemps les conséquences de la guerre, la détresse et la misère. La défaite, que nous voulions éviter à tout prix, ne nous a pas été épargnée. Nos propositions de conciliation ont été sabotées, nous avons été nous-mêmes insultés et calomniés. Les ennemis du peuple travailleur, les véritables ennemis intérieurs qui sont responsables de l'écroulement de l'Allemagne, se taisent et se cachent. C'étaient les combattants de salons qui ont maintenu leurs exigences de conquêtes, de la même façon qu'ils ont mené une lutte acharnée contre toute réforme de la Constitution et en particulier contre le honteux système électoral de la Prusse. On peut espérer que ces ennemis du peuple sont éliminés pour toujours. L'empereur a abdiqué. Lui et ses amis ont disparu, le peuple a remporté une victoire totale sur eux. Le prince Max von Baden a transmis la fonction de chancelier du *Reich* au député Ebert. Notre ami va former un gouvernement ouvrier, auquel participeront tous les partis socialistes. Le nouveau gouvernement ne doit pas être troublé dans la tâche qu'il a à accomplir pour la paix, dans ses efforts pour assurer du travail et du pain. Ouvriers et soldats, ayez conscience de la signification historique de ce jour. Ce qui s'est produit est inouï. Un grand et immense travail nous attend. Tout pour le peuple. Rien ne doit arriver qui porte atteinte à l'honneur du mouvement ouvrier. Soyez unis, fidèles et conscients de votre devoir. Le vieux monde vermoulu, la monarchie se sont écroulés. Vive le monde nouveau ! Vive la République allemande[60]! »

De son côté, Karl Liebknecht proclama vers 16 heures, la République socialiste, depuis le balcon du palais impérial :

« Camarades, le jour de la liberté s'est levé. Plus jamais un Hohenzollern[61] ne foulera cette place [...] Camarades, je proclame la République socialiste libre d'Allemagne, qui doit rassembler tous les peuples, dans laquelle il ne doit plus y avoir d'esclaves, dans laquelle chaque ouvrier honnête recevra le juste salaire de son travail. La domination du capitalisme qui a transformé l'Europe en un champ de cadavres est brisée. [...] Mais si le vieux monde est abattu, nous ne devons pas croire que notre tâche est achevée. Nous devons concentrer toutes nos forces pour construire le gouvernement des ouvriers et des soldats et pour instaurer un nouvel ordre étatique du prolétariat, un ordre de paix, de bonheur et de liberté pour tous nos frères allemands et pour nos frères dans le monde entier. Nous leur tendons la main et les appelons à achever la révolution mondiale. Que ceux d'entre vous qui veulent voir réalisées la République socialiste libre d'Allemagne et la révolution mondiale lèvent la main en guise de serment[62]. [Les mains se levèrent toutes dans l'assistance.] »

---

60 Gerhard A. RITTER, Susanne MILLER, *Die deutsche Revolution 1918-1919*, Frankfurt-am-Main, Fischer 1968.

61 Famille noble et royale dont était issu Guillaume II.

62 Karl LIEBKNECHT, *Gesammelte Reden und Schriften*, Band IX, Berlin, Dietz Verlag 1971.

Le 10 novembre, après que la prison de Moabit, la préfecture de police[63] et l'Hôtel des postes aient été envahis par la foule survoltée, le SPD et l'USPD[64] (*Unabhängige Sozialdemokratische Partei Deutschlands* // Parti social-démocrate indépendant d'Allemagne) proclamèrent la création d'un conseil de commissaires du peuple[65] (*Rat der Volksbeauftragten*) composé de trois représentants du SPD et trois représentants de l'USPD. Friedrich Ebert, Philipp Scheidemann et Otto Landsberg[66] (1869-1957) pour le SPD et Hugo Haase[67] (1863-1919),

63 Emil Eichhorn qui se trouvait à la tête des insurgés lors de cette opération se déclara comme le nouveau préfet.

64 Eugen PRÄGER, *Geschichte der USPD. Entstechung und Entwicklung der Unabhängigen Sozialdemokratischen Partei Deutschlands*, Berlin 1921.

65 Erich MATTHIAS (dir.), *Die Regierung der Volksbeauftragten 1918/19*, 2 tomes, Düsseldorf, Droste 1969.

66 Otto Landsberg, juriste, était membre du SPD depuis 1890. Député en 1912, il fut envoyé du *Reich* en Belgique de 1920 à 1923.

67 Hugo Haase, avocat, était le fils d'un cordonnier juif.Député en 1897, il fut élu en 1911 président du SPD avec August Bebel, et plus tard avec Friedrich Ebert. Il dut démissionner en 1916 à cause de sa critique de la Première Guerre mondiale (il était hostile au vote des crédits) et de la politique de la majorité du SPD pendant la guerre. En représentant le nouvel USPD (Parti social-démocrate indépendant d'Allemagne), dont il devint président après Pâques 1917, il fut un membre du *Rat der Volksbeauftragten* (conseil des commissaires du peuple) à partir de novembre 1918 du fait de la révolution allemande, et le géra en collaboration avec Friedrich Ebert. Il en démissionna avec les deux autres commissaires de l'USPD en décembre 1918, à cause de l'ordre d'Ebert de réprimer les soldats révolutionnaires de la marine. L'USPD ne remporta que 7,6 % des votes dans les élections du 19 janvier 1919. Haase resta président du groupe parlementaire de l'USPD dans le parlement à Weimar jusqu'à sa mort lorsqu'un déséquilibré lui tira dessus à Berlin en octobre 1919. Il décéda quelques semaines plus tard. Dieter ENGELMANN, Horst NAUMANN, *Hugo Haase. Lebensweg und politisches Vermächtnis eines streitbaren Sozialisten.* Berlin, Neue Wege, 1999.

Wilhelm Dittmann[68] (1874-1954) et Emil Barth[69] (1879-1941) pour les indépendants. Toutefois, les ministres de l'ancien gouvernement furent conservés[70]. Le SPD et l'USPD avaient finalisé un accord autour du texte suivant :

> « Le cabinet est formé exclusivement de sociaux-démocrates qui sont commissaires du peuple avec des droits égaux. Cela ne s'applique pas aux portefeuilles ministériels, assistants techniques du cabinet [...]. Chaque ministère est contrôlé par deux membres des partis social-démocrates. Ces contrôleurs ont des pouvoirs égaux. Le pouvoir politique est entre les mains des conseils d'ouvriers et de soldats, qui seront très bientôt convoqués à une réunion représentant l'ensemble du *Reich*. La question de l'Assemblée constituante ne sera pas posée avant la consolidation de l'ordre actuellement établi par la révolution, et elle fera l'objet de discussions ultérieures[71]. »

Le SPD souhaitait une vaste participation des militants et le *Vorwärts* titra :« Pas de guerre fratricide[72] ». De son côté, la Ligue spartakiste rejeta ce conseil jugé par

68 Wilhelm Dittmann était un ébéniste qui devint ensuite journaliste. Il entra au SPD en 1898 et fut élu député en 1912. Il fut l'un des fondateurs de l'USPD avant de revenir dans les rangs du SPD en 1922. Wilhelm DITTMANN, *Erinnerungen.* (édition et introduction par Jürgen Rojahn), 3 vol., Campus Verlag, Frankfurt/Main, New York 1995.

69 Emil Barth était un ouvrier métallurgiste. Il remplaça Richard Müller à la tête du cercle des délégués révolutionnaires après la grève de janvier 1918. Emil BARTH, *Aus der Werkstatt der deutschen Revolution.* A. Hoffmann's Verlag GmbH, Berlin 1919 et Emil BARTH, *Sozialisierung – ihre Notwendigkeit, ihre Möglichkeit.* Selbstverlag, Berlin-Neukölln 1920.

70 Alain GUILLERM, *Rosa Luxemburg: la rose rouge*, *opus cit.*, p.187.

71 T. NIPPERDEY, *Deutsche Geschichte 1866-1918*, 2 vol., München, Beck 1993.

72 *Vorwärts* du 10 novembre 1918.

elle trop proche du régime antérieur. Rosa Luxemburg[73] (1871-1919) défendit dans *Die Rote Fahne* l'opposition des Spartakistes à la convocation future de l'Assemblée constituante[74] :

« Il ne s'agit pas aujourd'hui d'un choix entre la démocratie et la dictature. La question mise à l'ordre du jour par l'histoire est : démocratie bourgeoise ou démocratie socialiste ? Car la dictature du prolétariat est la démocratie au sens socialiste du terme. La dictature du prolétariat ne signifie pas les bombes, les putschs, l'émeute, l'anarchie, ainsi qu'osent le prétendre les agents du capitalisme, mais l'emploi de tous les moyens du pouvoir politique pour l'édification du socialisme, pour l'expropriation de la classe capitaliste, conformément au sentiment et de par la volonté de la majorité révolutionnaire du prolétariat, donc dans l'esprit de la démocratie socialiste. Sans la volonté consciente et sans l'action consciente de la majorité du prolétariat, pas de socialisme. Pour aiguiser cette conscience,

---

73 Rosa Luxemburg était une militante révolutionnaire et théoricienne marxiste, née à Zamość en Pologne le 5 mars 1871 (certaines sources indiquent le 5 mars 1870) et morte assassinée à Berlin le 15 janvier 1919 pendant la révolte spartakiste. Figure de l'aile gauche de l'Internationale socialiste, fidèle à l'internationalisme, elle s'opposa à la Première Guerre mondiale. Pour cette raison, elle fut exclue du SPD, et co-fonda la Ligue spartakiste. De son nom est dérivé le terme de luxembourgisme, s'inspirant de sa pratique et de sa théorie. Paul FROLICH, *Rosa Luxemburg*, Paris L'Harmattan, 1991, Alain GUILLERM, *Rosa Luxemburg, la rose rouge*, Paris, Picollec, 2002, Alain GUILLERM, *Le Luxembourgisme aujourd'hui, Rosa Luxembourg et les conseils ouvriers*, Paris, Spartacus, 1970, Louis JANOVER, *Rosa Luxemburg, l'Histoire dans l'autre sens*, in Rosa Luxemburg, *Introduction à l'économie politique*, Agone & Smolny, 2009, J.P. NETTL, *La Vie et l'œuvre de Rosa Luxemburg*, Paris, Maspero, 1972, 2 tomes, Claudie WEILL, *Rosa Luxemburg. Ombre et lumière*, Paris, Le Temps des cerises, 2009, Fred OELSSNER, *Rosa Luxemburg. Eine kritische biographische*, Berlin 1952.

74 *Die Rote Fahne* du 20 novembre 1918.

pour organiser cette action, il faut un organe de classe : le Parlement des prolétaires des villes et des campagnes. »

Une rivalité s'instaura entre le Comité exécutif des conseils d'ouvriers et de soldats et le Conseil des commissaires du peuple, placé sous la direction d'Ebert et des réformistes, qui finit par s'imposer non sans soubresauts. Entre le 7 et le 15 novembre, l'Allemagne vit apparaître plus de 10 000 conseils[75]. Le 15 novembre, un accord fut conclu à Berlin suite à de longues négociations entre les syndicats et les industriels, qui établit entre eux une communauté centrale de travail (*Zentrale Arbeitsgemeinschaft*). Cet accord en douze points présentait de nombreuses avancées sociales et syndicales : journée de huit heures, création de comités paritaires, reconnaissance des syndicats au sein des entreprises[76]. Cet accord avait trois aspects singuliers[77] : il consistait à donner aux entreprises le soin d'organiser la démobilisation afin de ne pas en laisser la responsabilité aux organismes du *Reich* ; signé par les principaux représentants du patronat et des syndicats il s'imposait de fait dans la collectivité des entreprises ; il donnait naissance à une organisation destinée à durer, la « Communauté de travail des patrons et des salariés de l'industrie et des branches professionnelles d'Allemagne », qui s'inscrivait comme un barrage contre le socialisme[78]. Les syndicats s'engagèrent

75 Eberhard KOLB, *Die Arbeiterräte in der deutschen Innenpolitik 1918/19*, *opus cit.*

76 *Ibid.*

77 Rémi PERES, *Chronologie de l'Allemagne au 20e siècle: Histoire des faits économiques, politiques et sociaux*, Paris, Vuibert 2000,p.27.

78 L'ordonnance du 23 décembre 1918 vint reconnaître légalement le caractère obligatoire des conventions collectives. Après cet accord, l'Allemagne connut un large développement des syndicats et des organisations patronales.

à reconnaître la propriété privée de l'entreprise pour les employeurs[79]. Pour sa part, le gouvernement Ebert décida d'appliquer le droit de vote des femmes ainsi que l'éligibilité à partir de 20 ans[80].

Le maréchal Paul von Hindenburg[81] (1847-1934), chef de l'état-major allemand de 1916 à 1918, estima qu'il fallait collaborer avec le nouveau chancelier afin « d'éviter l'extension du bolchevisme terroriste en Allemagne[82]. » Il fit part de sa décision par télégraphie aux chefs militaires de l'état-major[83].

Le point de vue des militaires fut parfaitement résumé par le général Wilhelm Groener[84] (1867-1939) plusieurs années plus tard :

« Le corps des officiers ne pouvait coopérer qu'avec un gouvernement qui entreprenne la lutte contre le bolchevisme. Ebert y était décidé. [...] Nous nous sommes alliés contre le bolchevisme [...] Il n'y avait pas d'autre parti qui eût assez

---

79 Eberhard KOLB, *Die Arbeiterräte in der deutschen Innenpolitik 1918/19*, *opus cit.*

80 Ulrich KLUGE, *Die Weimarer Republik,* Berlin, Schöningh UTB 2006.

81 Andreas DORPALEN, *Hindenburg in der Geschichte der Weimarer Republik.* Leber, Frankfurt am Main, 1966, Werner MASER, *Hindenburg. Eine politische Biographie.* Moewig, Rastatt 1989.

82 *Dokumente und Materialen zur Geschichte der deutschen Arbeiterbewegung, Reihe II (1914-1945)*, II/2, p.357.

83 Pierre BROUE, *Révolution en Allemagne 1917-1923*, *opus cit.*, p.173.

84 Johannes HÜRTER, *Wilhelm Groener: Reichswehrminister am Ende der Weimarer Republik (1928-1932)*. München, Oldenbourg, 1993, Gerhard W RAKENIUS, *Wilhelm Groener als Erster Generalquartiermeister: Die Politik der Obersten Heeresleitung 1918/19*, Boppard a.R., Boldt, 1977.

d'influence sur les masses pour rétablir, avec l'aide de l'armée, un pouvoir gouvernemental[85]. »

A compter de la mi-novembre, le pouvoir des conseils fut en net recul et une ardente campagne anti-spartakiste fut lancée. Les principaux arguments des opposants aux Spartakistes furent la dissolution de la Constituante en Russie et la terreur qui s'abattit ensuite. Le numéro du 18 novembre de *Die Rote Fahne* revint, sous la plume de Rosa Luxemburg, sur la position des communistes. Elle craignait l'échec de la révolution à la vue du reflux des conseils et de la campagne anticommuniste qui battait son plein, et mettait en garde les femmes et les hommes qui s'étaient impliqués au début du mouvement révolutionnaire :

« La révolution a commencé, [mais] il n'y a pas lieu de chanter victoire [...] car nous avons accompli peu de chose et l'ennemi n'est pas renversé[86]. »

Le 6 décembre 1918, le Conseil des commissaires du peuple décida la tenue d'une élection d'assemblée constituante pour le 15 février 1919, ainsi que de diverses réformes comme le principe de la journée de 8 heures quotidiennes de travail, la liberté syndicale et la création de conventions collectives[87]. Cependant, le 8 décembre, près de 150 000 personnes manifestèrent à Berlin à l'appel de la Ligue spartakiste. Du 16 au 21 décembre, le congrès des Conseils se tint à Berlin et regroupa 490 délégués dont

85 Wilhelm GROENER, *Lebenserinnerungen. Jugend-Generalstab-weltkrieg,* Göttingen 1957, p.467.
86 Alain GUILLERM, *Rosa Luxemburg: la rose rouge, opus cit.*, p.188.
87 Entérinant les accords syndicats/patronat du 15 novembre.

180 ouvriers et employés ainsi que 13 officiers réactionnaires et quelques bourgeois. Mais, pour le reste, ces délégués étaient souvent des permanents du SPD. Il était donc logique de relativiser « l'échec politique » de ce congrès qui se solda par un sabordage en faveur de la prochaine Constituante. Survint ensuite, du 23 au 25 décembre, le terrible « Noël sanglant » (*Weihnachtskämpfe*) qui vit 3000 marins venus de Kiel (*Volksmarinedivision*, division populaire de marine) protester contre le non-versement de leur solde dans le but de les dissuader d'entreprendre des actions révolutionnaires. Les marins, auxquels se joignirent des ouvriers, prirent d'assaut le palais de la Chancellerie le 23 décembre. Friedrich Ebert fit alors appel au général Wilhelm Groener qui décida d'envoyer des troupes placées sous le commandement du général d'infanterie Arnold Lequis (1861-1949)[88]. Cette inter- vention fut un échec et se solda par la mort de 68 personnes[89]:

« La multitude s'avance comme un raz de marée et vient se heurter au barrage de soldats placé par le général Lequis pour défendre les troupes de choc. On demande aux soldats s'ils n'ont pas honte de faire cause commune avec les officiers contre le peuple. Ces soldats hésitent et sont rapidement débordés. Les uns jettent leurs fusils, les autres sont désarmés par les manifestants. En un clin d'œil le barrage est rompu, et la foule se précipite en hurlant dans le dos des cavaliers de la Garde postés devant le *Marstall*[90]. »

---

88 Eduard BERSTEIN, *Die deutsche Revolution von 1918/19 : Geschichte der Entstehung und ersten Arbeitsperiode der deutschen Republik,* Dietz Verlag J.H.W. Nachf 1998.

89 Yves BILLARD, *Le monde de 1914 à 1945*, Paris, Ellipses 2006, p.35.

90 Jacques BENOIST-MECHIN, *Histoire de l'armée allemande*, 2 vol., Paris, Albin Michel 1936, T I, p.118.

Plus tard, l'armée entra à nouveau en action et fit feu sur les marins. Plusieurs hommes furent tués ou blessés. Gustav Noske[91] organisa la terrible répression et écrivit : « Il faut que quelqu'un soit le chien sanguinaire (*Bluthund*). Je ne me soustrais pas à cette responsabilité. »

Derrière le programme social présenté par Ebert et le SPD, l'appareil gouvernemental ne subit pas de profonds bouleversements et les chefs militaires dans la très grande majorité ne se montrèrent pas hostiles dans l'immédiat au nouveau gouvernement. Il existait plus que jamais de grandes rivalités et de grandes divergences entre le SPD et les Spartakistes comme le confirme la lecture du tract qui circula à Berlin fin 1918 :

« Savez-vous ce qu'est un bolchevik ? Un bolchevik est un homme qui veut la révolution, non pas comme nous pour créer un ordre nouveau, meilleur que l'ancien, mais la révolution pour la révolution ; un homme qui voulant s'enrichir en pillant, détruit tout, le bon et le mauvais, pourvu seulement qu'il puisse en profiter pour piller. Pour lui, un seul être compte et c'est lui-même. Que son camarade crève de faim à ses côtés qu'est-ce que ça peut lui faire ? Il ne lui volera pas moins sa dernière bouchée de pain. Ton champ peut bien rester inculte, il ne t'en volera pas moins ton cheval pour le vendre à un prix dérisoire [...] . Que villages et villes tombent en ruine, que lui importe? Plus il y a de ruines [...] , plus le spartakiste peut faire sa pelote. C'est ce qui s'est passé en Russie, c'est-ce qui se

91 Gustav Noske avait regagné Berlin depuis Kiel et avait obtenu le poste de commissaire à la guerre. Ulrich CZISNIK, *Gustav Noske. Ein sozialdemokratischer Staatsmann.* Göttingen, Muterschmidt 1969, Gustav NOSKE, *Von Kiel bis Kapp. Zur Geschichte der deutschen Revolution.* Berlin 1920, Wolfram WETTE, *Gustav Noske: Ein Politische Biographie*, Düsseldorf, Droste 1988.

passera chez nous si les bolcheviks prennent le dessus. Voulez-vous tolérer cela camarades ?[92] »

La révolte spartakiste

Peu après la semaine sanglante de Noël, le congrès spartakiste qui aboutit à la création du KPD permit à Paul Levi (1883-1930) de faire le point sur la situation générale. Il décrivit plus tard l'agitation berlinoise d'alors:

« L'air de Berlin [...] était empli de tension révolutionnaire. [...] Il n'y avait personne qui n'eût le sentiment que l'avenir immédiat allait voir se produire de nouvelles grandes manifestations et de nouvelles actions.[...] Les délégués qui représentaient ces masses jusqu'alors inorganisées venues à nous seulement dans l'action, par elle et pour elle, ne pouvaient absolument pas comprendre qu'une nouvelle action, facilement prévisible, pourrait aboutir non pas à la victoire, mais à des reculs. Ils n'envisageaient même pas en rêve de suivre une tactique qui aurait laissé une marge de manœuvre au cas où ces reculs se seraient produits[93]. »

Dès le début de janvier, les autorités, par l'intermédiaire de Gustav Noske, rassemblèrent plus de 4000 hommes à Zossen (à 50 km au sud-ouest de Berlin). Ces bataillons très spéciaux étaient placés sous le commandement énergique du fameux général Georg Maercker[94](1865-1924). Le général Maercker se trouvait à

92 Max GALLO, *Une femme rebelle: vie et mort de Rosa Luxemburg*, Paris, Fayard 2000, p.326.

93 Rapport au 2e congrès de l'I.C. Archives Paul Levi, Bibliothèque Buttinger, New York, P 124/8, p.4.

94 Après la répression de la révolte spartakiste de Berlin, le général Maecker fut envoyé à Weimar pour combattre une « République des

Paderborn en décembre 1918, alors que les troubles révolutionnaires avaient éclaté depuis un mois et que l'Empire allemand s'était écroulé. Le haut-commandement le chargea de créer des corps-francs, composés de soldats anciens combattants, pour mater la révolution marxiste qui s'étendait dans les grandes villes. Cette initiative fut prise par le chancelier Ebert et le futur ministre de la Guerre, Gustav Noske[95]. La plupart des officiers, sous-officiers et hommes de troupe des premiers corps francs provenaient donc de la 214e division du général Maercker et composaient un *Freikorps Landesjäger* (corps franc de chasseurs). Ces hommes furent opérationnels dès le 20 décembre 1918 avec trois compagnies d'infanterie et deux batteries d'artillerie.

Suite au « Noël sanglant » de Berlin, le préfet de police Emil Eichhorn[96](1863-1925), vieux militant radical

---

conseils » proclamée sur le modèle des soviets d'ouvriers et de soldats. Les corps francs assurèrent également la sécurité au moment des élections à l'Assemblée nationale qui menèrent Friedrich Ebert à la présidence du *Reich*. Ensuite, le corps franc de Maercker fut envoyé à Gotha, puis à Eisenach et dans d'autres villes de Thuringe pour le retour à l'ordre, mais il fit face à des situations chaotiques et à la résistance des conseils d'ouvriers et de soldats. Maercker reçut même à Erfurt un coup de couteau à la tête.

95 Gustav Noske fut nommé officiellement le 5 janvier 1919 *Oberbefehlshaber*, c'est-à-dire responsable des ordres de mission donnés à toutes les troupes fidèles au gouvernement et aux corps francs commandés par le général Maercker.

96 Emil Eichhorn était le fils d'un artisan. Ouvrier verrier, il entra au SPD en 1881, devint permanent du parti en 1893, chef de son bureau de presse de 1908 à 1917. Il rejoignit ensuite l'USPD, fut élu député à la Constituante. Indépendant de gauche au VKPD en 1920, il entra dans les rangs du KAG (*Kommunistische Arbeitsgemeinschaft,* courant intégré au sein du SPD en 1922, comme minorité de gauche) pour finir par revenir dans le giron du parti. À l'initiative de Paul Levi,

et l'un des fondateurs de l'USPD, qui avait organisé une forme de police révolutionnaire[97] fut destitué de ses fonctions le 4 janvier 1919 par le gouvernement de Friedrich Ebert. Eichhorn refusa de laisser sa place en avançant qu'il n'était responsable que devant le Comité exécutif berlinois des Conseils d'ouvriers et de soldats[98] (*Arbeiter-und Soldatenrat*). Cette destitution déclencha le début de la révolte spartakiste de Berlin. En effet, le 5 janvier fut organisée une vaste manifestation à l'initiative de l'USPD et du KPD, afin de dénoncer la destitution brutale d'Emil Eichhorn. Environ 100 000 personnes défilèrent dans les rues de Berlin. Les manifestants firent barrage à Ernst, le remplaçant SPD d'Eichhorn. Un appel à la grève générale fut lancé et un comité révolutionnaire avec à sa tête Paul Scholze[99] (1886-1938), Karl Liebknecht et Georg Ledebour[100] (1850-1947) fut formé dans l'optique de remplacer le Conseil des commissaires. Cependant, de profonds désaccords se firent jour au sein de ce comité révolutionnaire entre ceux qui voulaient un mouvement insurrectionnel et ceux qui prônaient une tentative d'entente, même partielle, avec les responsables en place[101]. *Die Rote Fahne* revint le 5 septembre 1920, sans

---

les conseillistes furent exclus du KPD à l'été1919, afin de permettre le rapprochement du KPD et de la gauche de l'USPD, qui connaissait un afflux massif et une profonde radicalisation. Ceux-ci formèrent alors le KAPD (environ 50 000 militants), tandis que le VKPD absorba la majorité de l'USPD et se porta jusqu'à 350 000 membres.

97 Alain GUILLERM, *Rosa Luxemburg: la rose rouge*, *opus cit.*, p203.

98 *Ibid.*

99 Paul Scholze parvint à fuir Berlin le 13 janvier 1919.

100 Georg Ledebour fut arrêté mais il parvint à se faire acquitter par un tribunal régulier.

101 Rita THALMANN, *La République de Weimar*, Paris, PUF 1986, p.15.

doute sous la plume de Paul Levi, sur les événements liés à l'affaire Eichhorn :

« Le 4 janvier au soir, la centrale du KPD délibéra sur la situation créée par la mesure prise contre Eichhorn. Sur l'appréciation de la situation ainsi créée, il y avait une complète unanimité. Tous les présents pensaient qu'il serait insensé de tendre vers le gouvernement : un gouvernement soutenu par le prolétariat n'aurait pas eu à vivre plus de quatorze jours. En conséquence, les membres de la centrale étaient unanimes sur le point qu'il fallait éviter tous les mots d'ordre qui auraient eu [...] pour conséquence le renversement du gouvernement de cette époque. Nos mots d'ordre devaient être précisés dans le sens suivant : annulation de la révocation d'Eichhorn, désarmement des troupes contre-révolutionnaires [...] , armement du prolétariat. [...] C'est dans ce sens que nous avons lancé nos mots d'ordre pour la manifestation[102]. »

Le 6 janvier, les manifestations se poursuivirent et des affrontements eurent lieu notamment dans le quartier ouvrier de Wedding. Les Spartakistes étaient alors maîtres de la rue dans la moitié orientale de la ville. Des journaux (le *Vorwärts* organe officiel du SPD, le *Berliner Tageblatt*), des imprimeries (Mosse, Scherl, Ullstein), des maisons d'édition (Büxenstein) furent occupés ainsi que la préfecture de police. De même, la poste, les télégraphes, les chemins de fer connurent de très importantes perturbations en raison des occupations et des piquets de grève.

« Ce que l'on vit à Berlin était peut-être la plus grande action prolétarienne de masse jamais vue dans l'histoire [...] De Roland à Victoria se tenaient des prolétaires, tête contre tête

---

102 *Die Rote Fahne* du 5 septembre 1920.

[…] Ils avaient amené leurs armes, faisaient flotter leurs bannières rouges […] Une armée de deux cents mille hommes, comme aucun Ludendorff n'en avait jamais vue […] C'est alors que se produisit l'incroyable. Les masses étaient là très tôt, depuis 9 heures, dans le froid et le brouillard. Et les chefs siégeaient quelque part et délibéraient […] Midi arriva et, en plus du froid, la faim. Et les chefs délibéraient. Les masses déliraient d'excitation : elles voulaient un acte, un mot qui apaisât leur délire […] Les chefs délibéraient. Le brouillard augmentait encore et avec lui le crépuscule. Tristement, les masses rentraient à la maison : elles avaient voulu quelque chose de grand et elles n'avaient rien fait. Et les chefs délibéraient […] Dehors se tenaient les prolétaires, sur l'Alexanderplatz vidée, le flingot à la main, avec leurs mitrailleuses lourdes et légères. Et dedans, les chefs délibéraient […] Ils siégèrent toute la soirée, et ils siégèrent toute la nuit […] Et les groupes revenaient de nouveau sur le Siegesallee, et les chefs siégeaient encore et délibéraient[103] ... »

Gustav Noske qui avait obtenu les pleins pouvoirs militaires écrivit dans ses mémoires au sujet de cette journée :

« Si les foules avaient eu des chefs décidés sachant ce qu'ils voulaient au lieu de beaux parleurs, elles auraient été maîtresses de Berlin ce jour-là, vers midi […] Non, ces masses n'étaient pas mûres pour prendre le pouvoir, sans quoi, de leur propre chef, elles auraient mis quelques hommes résolus à leur tête et leur premier acte aurait été de faire irruption dans la préfecture de police pour obliger les chefs à mettre fin, une fois pour toutes à leur verbiage inutile[104]. »

---

103 *Die Rote Fahne*, 5 septembre 1920.

104 Gustav NOSKE, *Von Kiel bis Kapp. Zur Geschichte der deutschen Revolution,* Berlin, Verlag für Politik und Wirtschaft 1920.

Le 7 janvier, des grèves secouèrent Hambourg et Brunswick, tandis que l'armée fit feu sur des manifestants à Munich, de même qu'à Dresde et Stuttgart les jours suivants. A Dortmund et à Düsseldorf plusieurs journaux réactionnaires furent occupés[105], à Essen le siège du syndicat du charbon (organisme patronal) fut envahi par les ouvriers[106]. Une République des conseils vit le jour à Brême alors qu'à Nuremberg les principaux dirigeants du KPD se virent emprisonnés par les autorités de la ville. Le 8 janvier, les Spartakistes apprirent l'existence d'un tract du *Vorwärts* dont le titre « *Die Stunde der Abrechnung naht !* » (L'heure des comptes approche !) était explicite et annonçait l'emploi de la force sans restriction de la part du SPD. Des morts furent relevés à Dresde[107] et à Stuttgart[108]. Les corps-francs rentrèrent dans Berlin avec une section de chars d'assaut. Le 10 janvier, de nombreuses rafles menées par les corps-francs secouèrent Berlin. Le 11 janvier, Georg Ledebour[109] (USPD) et Ernst Meyer (KPD) furent arrêtés à Berlin alors que Rosa Luxemburg se voyait contrainte d'entrer dans la clandestinité. Les corps-francs reprirent irrémédiablement possession des îlots de résistance communiste (par exemple l'immeuble du *Vorwärts*[110], les gares, le siège de la police où un obus perça le bâtiment de part en part…) et éliminèrent implacablement les insurgés. Après la reprise des

---

105 Alain GUILLERM, *Rosa Luxemburg: la rose rouge*, *opus cit.*, p.205.

106 *Ibid.*

107 E.O. VOLKMANN, *La révolution allemande*, Paris, Plon 1933.

108 *Ibid.*

109 Georg Ledebour était instituteur avant de devenir journaliste. Il était hostile aux bolcheviques et aux spartakistes. Membre de l'USPD en 1917, il fut l'inspirateur du Cercle des délégués révolutionnaires. Il rejoignit les rangs du SPD en 1922.

110 Le *Vorwärts* était le journal du SPD.

principaux centres névralgiques, Noske décida d'agir au sud de la Spree. La reconquête de ces quartiers ne fut pas trop difficile, tant le rapport des forces était disproportionné. Gustav Noske déclara ensuite :

« Le cauchemar qui planait sur la ville est dissipé. [...] Le gouvernement du *Reich* m'a transmis le commandement des soldats républicains. Un ouvrier se trouve donc à la direction des forces de la République socialiste. Vous me connaissez, moi et mon passé dans le Parti. Je me porte garant qu'aucun sang inutile ne sera versé. Je veux assainir, non anéantir. L'unité de la classe ouvrière doit être faite contre Spartakus pour que la démocratie et le socialisme ne sombrent pas[111]. »

La révolte des Spartakistes fut vaincue à Berlin le 14 janvier. Malgré des centaines de milliers de grévistes, moins de 10 000 hommes finalement décidèrent de prendre part à la lutte armée : les troupes d'Eichhorn, les groupes qui occupaient les journaux, les imprimeries[112]... Le peuple participa et soutint la grève mais ne tenait pas à mourir sur les barricades. La répression de cette révolte fit 1200 morts[113]. Le même jour, la presse publia un appel de Gustav Noske :

« Ouvriers, soldats, citoyens ! Les divisions que je commande ne sont pas les instruments de la contre-révolution. Elles ne viennent pas pour vous opprimer, mais pour vous libérer du joug terroriste inouï que la masse de la population berlinoise a dû subir. Ce que je tiens absolument à garantir, c'est

111 Denis AUTHIER, Jean BARROT, *La Gauche communiste en Allemagne (1918-1921)*, Paris, Payot, 1976.

112 Pierre BROUE, *Révolution en Allemagne 1917-1923*, *opus cit.*, p.245.

113 Alain GUILLERM, *Rosa Luxemburg: la rose rouge*, *opus cit.*, p.209.

la sécurité des personnes et des biens, la liberté de la presse et le libre exercice du droit le plus noble de tout citoyen : l'élection d'une Assemblée nationale... J'enjoins à la population de Berlin de soutenir selon ses moyens l'action des troupes et d'obéir aux instructions des chefs militaires[114]. »

Les jours qui suivirent furent marqués par une suite d'événements tragiques. Le 15 janvier vers 21 heures, Karl Liebknecht et Rosa Luxemburg furent arrêtés dans le même appartement du quartier de Wilmersdorf puis assassinés sur ordre de Gustav Noske, par des membres des corps-francs comme le confirmèrent les mémoires de Waldemar Pabst, chef de la division de cavalerie de la Garde qui siégeait à l'hôtel Eden de Berlin, qui déclara avoir «agi sur l'injonction directe de Gustav Noske[115] » . D'après un autre témoignage, Pabst aurait renoncé à parler du sujet avec von Lüttwitz et se serait retourné vers Noske qui lui aurait signifié alors : « A vous de prendre la responsabilité de ce qu'il faut faire[116] ». Liebknecht fut frappé à coup de crosse et jeté dans une voiture sous la direction du lieutenant de vaisseau Heinz von Pflugk-Hartung[117].

---

114 Gustav NOSKE, *Von Kiel bis Kapp. Zur Geschichte der deutschen Revolution,* Berlin, Verlag für Politik und Wirtschaft 1920, ainsi que Max GALLO, *Une femme rebelle: vie et mort de Rosa Luxemburg, opus cit.*, p.353.

115 Mémoires inachevées de Waldemar Pabst dont de larges extraits furent publiés par l'hebdomadaire allemand *STERN* le 12 janvier 1995.

116 Klaus GIETINGER, *Eine Leiche im Landwehrkanal*, Mainz, Dekaton 1993.

117 Elisabeth HANNOVER-DRÜCK, Heinrich HANNOVER, *Der Mord an Rosa Luxemburg und Karl Liebknecht. Dokumentation eines politischen Verbrechens*, Suhrkamp, Frankfurt-am-Main 1965, p.35-45.

Avant son arrestation et son assassinat, Rosa Luxemburg écrivit dans le journal *Die Rote Fahne* le célèbre article « L'ordre règne à Berlin[118] » où elle décrit l'échec de la révolte spartakiste, en analyse les raisons et prend date pour l'avenir du mouvement révolutionnaire :

« L'ordre règne à Berlin », proclame avec des cris de triomphe la presse bourgeoise, tout comme les officiers des « troupes victorieuses » que la racaille petite-bourgeoise accueille dans les rues de Berlin en agitant des mouchoirs et en criant : « Hourrah ! » Devant l'histoire mondiale, la gloire et l'honneur des armes allemandes sont saufs. Les lamentables vaincus des Flandres et de l'Argonne ont rétabli leur renommée en remportant une victoire éclatante... sur les 300 « Spartakistes » du *Vorwärts*. [...] Cette «Semaine Spartakiste» de Berlin, que nous a-t-elle apporté, que nous enseigne-t-elle ? Au cœur de la mêlée, au milieu des clameurs de triomphe de la contre-révolution, les prolétaires révolutionnaires doivent déjà faire le bilan des événements, les mesurer, eux et leurs résultats, au grand étalon de l'histoire. La révolution n'a pas de temps à perdre, elle poursuit sa marche en avant, - par-dessus les tombes encore ouvertes, par-delà les « victoires » et les « défaites » - vers ses objectifs grandioses. Et le premier devoir de ceux qui luttent pour le socialisme internationaliste, c'est d'étudier avec lucidité sa marche et ses lignes de force. Pouvait-on s'attendre, dans le présent affrontement, à une victoire décisive du prolétariat révolutionnaire, pouvait-on escompter la chute des Ebert- et l'instauration de la dictature socialiste ? Certainement pas, si l'on fait entrer en ligne de compte tous les éléments qui décident de la réponse. Il suffit de mettre le doigt sur ce qui est à l'heure actuelle la plaie de la révolution : le manque de maturité politique de la masse des soldats qui continuent de se laisser abuser par leurs officiers et utiliser à des fins contre-

118 *Die Rote Fahne* n°14 du 14 janvier 1919, traduction de Gilbert BADIA, *Les Spartakistes, 1918, l'Allemagne en révolution*, Paris, Julliard 1966.

révolutionnaires est à lui seul la preuve que, dans ce choc-ci, une victoire durable de la révolution n'était pas possible. D'autre part, ce manque de maturité n'est lui-même que le symptôme du manque général de maturité de la révolution allemande. Les campagnes, d'où est issu un fort pourcentage de la masse des soldats, continuent de n'être à peu près pas touchées par la révolution. Jusqu'ici, Berlin est à peu près isolée du reste du *Reich.* Certes en province, les foyers révolutionnaires - en Rhénanie, sur la côte de la mer du Nord, dans le Brunswick, la Saxe, le Wurtemberg - sont corps et âme aux côtés du prolétariat berlinois. Mais ce qui fait défaut, c'est la coordination de la marche en avant, l'action commune qui donnerait aux coups de boutoir et aux ripostes de la classe ouvrière berlinoise une tout autre efficacité. Ensuite - et c'est de cette cause plus profonde que proviennent ces imperfections politiques - les luttes économiques, ce volcan qui alimente sans cesse la lutte de classe révolutionnaire, ces luttes économiques n'en sont encore qu'à leur stade initial. Il en résulte que, dans la phase actuelle, on ne pouvait encore escompter de victoire définitive, de victoire durable. La lutte de la semaine écoulée constituait-elle pour autant une « faute » ? Oui, s'il s'agissait d'un « coup de boutoir » délibéré, de ce qu'on appelle un « putsch » ! Mais quel a été le point de départ des combats ? Comme dans tous les cas précédents, le 6 décembre, le 24 décembre : une provocation brutale du gouvernement ! [...] Placés devant la provocation violente des Ebert-Scheidemann, les ouvriers révolutionnaires étaient contraints de prendre les armes. Pour la révolution, c'était une question d'honneur que de repousser l'attaque immédiatement, de toute son énergie, si l'on ne voulait pas que la contre-révolution se crût encouragée à un nouveau pas en avant ; si l'on ne voulait pas que fussent ébranlés les rangs du prolétariat révolutionnaire et le crédit dont jouit au sein de l'Internationale[119] la révolution allemande. Du reste, des masses berlinoises jaillit spontanément, avec une

119 A cette date là, le premier congrès de la IIIe Internationale ne s'était pas encore déroulé.

énergie si naturelle, la volonté de résistance, que, dès le premier jour, la victoire morale fut du côté de la « rue ». [...] La direction a été défaillante. Mais on peut et on doit instaurer une direction nouvelle, une direction qui émane des masses et que les masses choisissent. Les masses constituent l'élément décisif, le roc sur lequel on bâtira la victoire finale de la révolution. Les masses ont été à la hauteur de leur tâche. Elles ont fait de cette « défaite » un maillon dans la série des défaites historiques, qui constituent la fierté et la force du socialisme international. Et voilà pourquoi la victoire fleurira sur le sol de cette défaite.
« L'ordre règne à Berlin ! » sbires stupides ! Votre « ordre » est bâti sur le sable. Dès demain la révolution « se dressera de nouveau avec fracas » proclamant à son de trompe pour votre plus grand effroi.
J'étais, je suis, je serai ![120] »

Les assassins de Rosa Luxemburg et de Karl Liebknecht ne furent que peu inquiétés par la justice, ainsi le lieutenant Kurt Vogel[121] (1889-1967) qui abattit Rosa Luxemburg ne fut ensuite condamné que pour dépôt illégal de cadavre[122] à deux ans et demi de prison, le soldat Otto Runge à deux ans de prison[123] et von Pflugk-Hartung fut acquitté[124]. 100 000 personnes assistèrent aux obsèques de Karl Liebknecht[125]. Enfin, le 16 janvier le journal du

120 Il s'agit d'un extrait d'un poème de Ferdinand FREILIGRATH (1810-1876) intitulé « La révolution ». Poète et écrivain allemand impliqué politiquement dont certaines œuvres furent censurées. Il quitta l'Allemagne, vécut en Belgique, en Suisse, à Londres, il revint en Allemagne après l'amnistie de 1868.

121 Kurt Vogel se réfugia aux Pays-Bas et fut amnistié.

122 Elisabeth HANNOVER-DRÜCK & Heinrich HANNOVER, *Der Mord an Rosa Luxemburg und Karl Liebknecht.* Suhrkamp, Frankfurt 1967.

123 *Ibid.*

124 *Ibid.*

125 Rita THALMANN, *La République de Weimar, opus cit.*, p.23.

KPD fut interdit. Le jour même de son assassinat, Karl Liebknecht publia dans le journal *Die Rote Fahne* un article[126] au cœur duquel il dénonçait la collusion du SPD avec l'armée :

« Assaut général contre Spartakus ! A bas les Spartakistes ! Entend-on hurler dans les rues. Empoignez-les, fouettez-les, fusillez-les, embrochez-les, mettez-les en pièces ! On commet des atrocités qui font pâlir les tristes atrocités commises en Belgique par des troupes allemandes[127].

De la *Post*[128] au *Vorwärts,* on exulte : « Spartakus écrasé ! » Et les sabres, les revolvers, les carabines de la vieille police prussienne remise en place et le désarmement des ouvriers révolutionnaires vont sceller sa défaite [...] C'est sous la protection des baïonnettes du colonel Reinhard[129], sous la protection des mitrailleuses et des canons du général Walther Lüttwitz que vont se dérouler les élections à l'Assemblée nationale...

C'est vrai ! Les ouvriers révolutionnaires de Berlin ont été battus! C'est vrai ! Cent d'entre eux parmi les meilleurs ont été massacrés! C'est vrai! Plusieurs centaines et des plus fidèles ont été jetés au cachot... C'est vrai, ils ont été battus. Et la loi de l'histoire voulait qu'ils le fussent. Car les temps n'étaient pas encore mûrs. Et pourtant... La lutte était inévitable...

Mais il est des défaites qui sont des victoires ; et des victoires plus fatales que des défaites. Les vaincus de la semaine sanglante de janvier ont supporté glorieusement l'épreuve ; ils ont combattu pour un idéal grandiose, pour les buts les plus nobles que connaisse l'humanité souffrante, pour

---

126 *Die Rote Fahne*, n°15 du 15 janvier 1919 cité par Gilbert Badia dans *Les Spartakistes*, collection archives, Paris, Julliard 1966.

127 Karl Liebknecht faisait ici référence aux violences commises par l'armée allemande en Belgique en 1914.

128 *Die Post* était un journal berlinois.

129 Wilhelm Reinhard (1869-1955) était le responsable des corps-francs de Berlin.

le salut moral et matériel des masses dans le besoin ; c'est pour une cause sacrée qu'ils ont versé leur sang et ce sang en a été sanctifié. Et chaque goutte de ce sang, comme du sang de l'hydre, naîtront des vengeurs des héros tombés, de chaque fibre lacérée naîtront de nouveaux combattants pour notre cause, notre cause éternelle et impérissable comme le firmament… »

La mort de Karl Liebknecht et de Rosa Luxemburg brisa les dernières chances d'un rapprochement, autre que ponctuel, entre les socialistes réformistes et les socialistes révolutionnaires. Alain Guillerm, biographe de Rosa Luxemburg, a écrit à juste titre : « L'assassinat de Karl Liebknecht et de Rosa Luxemburg a creusé un fossé de sang entre le SPD et les révolutionnaires[130] ». Le 19 janvier 1919, les élections à l'Assemblée nationale constituante se déroulèrent dans le calme, marquant ainsi la fin des Conseils d'ouvriers et de soldats et le retour au premier plan des partis bourgeois traditionnels. Janvier fut, comme le note l'historien allemand Eberhard Kolb, le « mois des putschs communistes[131] ». Ce n'est pas totalement faux, mais on peut dire aussi que ces « putschs » tenaient le plus souvent d'un réflexe de défense et se limitaient à des manifestations, des occupations. Ces actions furent le plus généralement sévèrement réprimées par les autorités. Entre le 10 et le 12 janvier, elles furent souvent écrasées dans le sang, comme à Brême ou une centaine de victimes fut dénombrée[132]. Néanmoins, des troubles agitèrent encore les rues dans les

---

130 Alain GUILLERM, *Rosa Luxemburg: la rose rouge*, *opus cit.*, p.211.

131 Eberhard KOLB, *Die Arbeitterräte in der deutschen Innenpolitik 1918/19*, *opus cit.*

132 Pierre BROUE, *Révolution en Allemagne 1917-1923*, *opus cit.*, p.262-263.

semaines qui suivirent, ainsi le 24 janvier où la police fit feu à Berlin sur des chômeurs, à la fin janvier où la commune de Brême soutenue par 40 000 hommes de Hambourg fut matée, le 17 février où une grève générale éclata dans la Ruhr, du 26 février au 10 mars où une grève générale paralysa Leipzig, du 1er au 3 mars où 55 morts furent répertoriés à Halle…

Le 3 mars 1919, une nouvelle grève générale suivie de combats secoua Berlin. A cette occasion, l'état de siège fut proclamé et la révolte écrasée, l'armée tira sur la foule à nouveau. Ensuite, une terrible vague de répression s'abattit sur les insurgés : assassinat en prison le 10 mars de Leo Jogiches (1867-1919) du KPD, exécutions du 12 au 15 mars de 1200 révolutionnaires. Les larges mouvements de grèves qui agitèrent la Ruhr en mars-avril furent réprimés violemment par les corps-francs dont les actions punitives (45 morts à Düsseldorf[133], violences à Dortmund, Bochum) firent décroître le nombre des grévistes qui passèrent de 307 205 le 10 avril à 128 776 le 20 avril. A Brunswick, le 9 avril, les Spartakistes organisèrent une grève générale, accompagnée des mêmes revendications qu'ailleurs (renversement du gouvernement, etc.). La paralysie fut provoquée par la grève du chemin de fer qui entraîna un grand désordre et qui amena les bourgeois et commerçants de la ville à décider d'une contre-grève qui déboucha sur des combats de rue. Le 14 avril, le général Maercker fit survoler la ville par des avions qui lâchèrent des tracts appelant à cesser la rébellion sous peine de conséquences graves. Les premiers combats se passèrent le 15 avril à Helmstedt et la grève finit par cesser. Peu après, le général Maercker fit son entrée dans la ville de Brunswick à la tête de ses troupes

133 *Ibid.*, p.275.

comprenant la brigade Ehrhardt, sans avoir versé une goutte de sang et la situation se normalisa complètement quelques jours plus tard[134]. Le 10 mai, la grève générale fut brisée à Dresde par les hommes du lieutenant-colonel Wilhelm Faupel[135] (1873-1945). Dans la foulée, Erfurt tomba à son tour. Des grèves émaillèrent encore les mois suivants dans toute l'Allemagne, comme celle du 18 septembre 1919 à Berlin où des milliers de métallurgistes cessèrent le travail. Finalement, l'état de siège prit fin à Berlin le 5 décembre et le 12 décembre l'interdiction du journal du KPD fut levée. Le calme était cependant très relatif comme le soulignèrent, le 13 janvier 1920, les tirs de la police sur des manifestants qui encerclaient le *Reichstag*. Le bilan de cet événement tragique fut de 42 morts parmi les manifestants.

Les Spartakistes étaient écoutés par de très larges pans de la classe ouvrière allemande, mais, souvent représentés par des jeunes au chômage[136], ils manquèrent fréquemment d'expérience politique et ne surent pas toujours faire preuve de retenue et d'esprit tacticien suffisant. Ils optèrent pour l'action pour l'action ce qui, au bout du compte, ne se révéla pas payant. D'autre part, de nombreuses divisions au sein des tendances révolutionnaires désorientèrent parfois les ouvriers

---

134 Gustav FÜLLNER, *Das Ende der Spartakisten-Herrschaft in Braunschweig. Einsatz der Regierungstruppen unter General Maercker vor 50 Jahren*. In: *Braunschweigisches Jahrbuch* Nr. 50, 1969.

135 Reinhard LIEHR, Günther MAIHOLD, Günther VOLLMER, *Ein Institut und sein General. Wilhelm Faupel und das Iberoamerikanische Institut in der Zeit des Nationalsozialismus*, Frankfurt am Main, Vervuert Verlag 2003.

136 Jacques DROZ, *Histoire de l'Allemagne*, Paris, PUF 2003, p.70.

sensibles au discours des révolutionnaires. Ce manque d'unité fut très préjudiciable à la cause spartakiste.

Le général Maercker très impliqué dans la répression des révolutionnaires leur rendit cependant hommage lors d'un discours prononcé à l'Université de la Saxe :

« Pendant mes cinq mois d'activité en Allemagne centrale, j'ai acquis peu d'estime pour les capacités d'organisation de la bourgeoisie allemande, tandis que j'ai pu me former une très haute opinion de celles de la classe ouvrière. En raison de sa structure homogène et de l'unité de ses objectifs, celle-ci est évidemment plus facile à diriger que la bourgeoisie, très divisée dans ses opinions et dans ses conditions de vie. A la classe ouvrière, bien organisée, disciplinée et prête à tous les sacrifices, s'oppose presque partout une bourgeoisie totalement désorganisée [...] et peu disposée à se sacrifier aux intérêts de la patrie alors que la classe ouvrière, hostile au gouvernement, a produit une pléiade de chefs résolus... dans les vingt villes de l'Allemagne centrale, je n'ai pas rencontré un seul chef digne de ce nom parmi les milieux bourgeois[137]. »

137 Jacques BENOIST-MECHIN, *Histoire de l'Armée allemande*, Paris, Albin Michel 1964.

La République libre de Bavière

Le 7 novembre 1918 se déroula à Munich à 14 heures, à l'appel de l'USPD, une grande manifestation de masse, au pied de la statue de la Bavaria. Plus de 150 000 personnes y participèrent, dont environ 3000 soldats. Kurt Eisner[138] (1867-1919) de l'USPD mena les opérations et donna des instructions précises aux manifestants : « Occupez les casernes, emparez-vous des armes, débauchez le reste des troupes, rendez-vous maîtres du gouvernement. » Sur le terrain, tout alla très vite. Les casernes et la gare centrale furent occupées dans l'après-midi. Le 8 novembre, Kurt Eisner fut élu président du premier Conseil d'ouvriers et de soldats (*Arbeiter-und Soldatenrat*) dans la brasserie Mathäser. Il proclama la République libre de Bavière et prononça la déchéance de la maison régnante des Wittelsbach. L'installation de cette république se fit sans la moindre effusion de sang[139]. Mais cette République des Conseils dans laquelle était présent le ministre Ernst Schneppenhorst[140] (1881-1945) déchaîna la

---

138 Kurt Eisner était un journaliste et écrivain originaire de Berlin. Il fut rédacteur au *Vorwärts* en 1898 et il tint la rubrique théâtrale de la *Münchener Post*. Il devint opposant par pacifisme en 1914. Membre de l'USPD en 1917, il organisa un réseau de délégués dans les usines de Munich. En février 1918, il fut condamné à la prison comme principal meneur de la grève de la métallurgie à la fin janvier. Bernhard GRAU, *Kurt Eisner: 1867–1919. Eine Biografie,* München 2001, Freya EISNER, *Kurt Eisner: die Politik des libertären Sozialismus,* Suhrkamp, Frankfurt am Main 1979.

139 Henry BOGDAN, *Histoire de la Bavière*, Paris, Perrin 2007, p.257.

140 Martin SCHUMACHER, Katharina LÜBBE, Wilhelm Heinz SCHRÖDER, *M.d.R. Die Reichstagsabgeordneten der Weimarer Republik in der Zeit des Nationalsozialismus. politische Verfolgung, Emigration und Ausbürgerung, 1933–1945. Eine biographische*

colère de certains communistes de Munich qui dénoncèrent une « mascarade », une pseudo-République des Conseils[141] qui n'allait qu'entraîner l'intervention, tôt ou tard, des corps-francs pour en venir à bout[142]. Des affiches furent collées partout en ville : « L'autorité suprême appartient désormais au Conseil d'ouvriers, de soldats et de paysans[143] choisi par le peuple [...]. La dynastie des Wittelsbach est déposée. Vive la République[144]! » La République des Conseils de Bavière (*Bayerische Räterepublik*) ne dura que peu de temps et sa zone d'influence effective ne s'étendit qu'entre Munich, Augsbourg et Rosenheim, mais elle marqua l'histoire de la région. Kurt Eisner, élu premier ministre de la République de Bavière par le conseil ouvrier, forma peu après un cabinet regroupant des membres du SPD et de l'USPD (Erhard Auer à l'Intérieur, Johannes Hoffmann à l'Instruction publique et aux Cultes, Johannes Timm à la Justice, Albrecht Rosshaupter aux Affaires militaires, Edgar Jaffé aux Finances, Hans Unterleitner aux Affaires sociales), au sein duquel, outre son rôle de chef du gouvernement, il assuma également les fonctions de

---

Dokumentation. 3. Auflage, Düsseldorf, Droste,1994.

141 Allan MITCHELL, *Revolution in Bavaria*, Princeton, Princeton University Press 1965, p.309.

142 Néanmoins, le 13 avril, en riposte à une tentative de putsch contre-révolutionnaire, les communistes défendirent le pouvoir des conseils à Munich. Hans BEYER, *Von der Novemberrevolution zur Räterrepublik in München*, Berlin, Rütten und Loening 1957, pp.97-102.

143 La Bavière comptait une population rurale bien plus importante que le reste de l'Allemagne. Des statistiques de 1907, qui évoluèrent peu jusqu'en 1918, donnaient 51% de population rurale pour la Bavière contre 34% de moyenne générale pour l'Allemagne. Source: *Institut für Zeitgeschichte München.*

144 Henry BOGDAN, *Histoire de la Bavière*, *opus cit.*, p.257.

ministre des Affaires étrangères. Le roi déchu, Louis III, se réfugia d'abord sur le lac de Chiemsee avant de prendre la fuite en Autriche. Kurt Eisner était un politicien dénué de sectarisme et qui n'éprouvait pas de rejet envers le parlementarisme. La presse des partis bourgeois ne fut pas interdite, le maintien des fonctionnaires à leur poste fut assuré ainsi que la protection des personnes et le respect de la propriété privée. Kurt Eisner recherchait à mettre en place un régime démocratique différent de celui des soviets[145]. Il refusait toute socialisation[146]. Mais l'aile gauche lui posa des difficultés et des actions de force furent entreprises le 7 décembre et le 11 décembre[147]. Les élections du 12 janvier 1919 marquèrent l'échec de l'USPD qui n'obtint que 3 sièges sur 180 avec seulement 2,5% des voix. La Ligue des paysans de Bavière, proche de l'USPD, recueillit pour sa part 9,1% des voix et obtint 16 sièges. Les grands vainqueurs de l'élection furent le SPD qui obtint 61 sièges pour 33% des voix et le BVP (*Bayerische Volkspartei*) qui obtint le meilleur score avec 66 sièges pour 35% des voix[148]. Les communistes et les anarchistes avaient boycotté le scrutin.

Le 16 février 1919, une nouvelle manifestation organisée par le Conseil ouvrier révolutionnaire exigea la totalité du pouvoir pour les conseils[149]. Les événements prirent ensuite un tour tragique. Le 21 février 1919 en

---

145 Bernhard GRAU, *Kurt Eisner: 1867–1919. Eine Biografie,* München, Beck 2001.

146 *Ibid.*

147 Henry BOGDAN, *Histoire de la Bavière*, Paris, *opus cit.*, p.259.

148 Chiffres électoraux: A. KRAUS, *Geschichte Bayerns von den Anfängen bis zum Gegenwart*, München, Beck 2004, p. 637-638.

149 Hans BEYER, *Die Revolution in Bayern 1918/19.* 2. Auflage, Berlin (Ost) 1988.

début de matinée, Kurt Eisner qui sortait du siège du gouvernement pour apporter sa démission au *Landtag* où se déroulait la séance d'ouverture, fut assassiné en pleine rue par le lieutenant-colonel de réserve d'un régiment d'infanterie de la Garde et contre-révolutionnaire, le comte Anton von Arco auf Valley[150] (1897-1945), qui fut immédiatement appréhendé. La population envahit alors le siège du *Landtag* et un boucher membre du Conseil ouvrier, Aloïs Lindner, tira des coups de feu sur Erhard Auer le blessant grièvement. Un député, Oesel, et un officier qui essayèrent d'arrêter Lindner furent pour leur part tués. A la suite de l'assassinat de Kurt Eisner, le Conseil central des conseils d'ouvriers, de soldats et de paysans, soutenu par les Comités révolutionnaires spartakistes, décida d'une grève générale de trois jours[151]. L'état de siège fut alors décrété et un contrôle de la presse fut également imposé pendant dix jours[152]. A la fin février, une assemblée générale des Conseils d'ouvriers prit l'initiative de s'autoproclamer Conseil national provisoire de l'État libre et populaire de Bavière et décréta la création d'un groupe de travail afin de préparer un projet de Constitution[153]. Les Spartakistes après un désaccord majeur sur la définition de la République se retirèrent des

---

150 Le tribunal condamna le comte Anton von Arco auf Valley à mort, mais un juge conservateur réduisit sa peine à 5 ans de prison à Landsberg. Friedrich PRINZ, *Die Geschichte Bayerns*, München, Piper 2006, p.450 ainsi que Friedrich HITZER, *Anton Graf Arco. Das Attentat auf Kurt Eisner und die Schüsse im Landtag.*, Verlag Knesebeck & Schuler, München 1988.

151 Hagen SCHULZE, *Kleine deutsche Geschichte*, München, DTV 2008.

152 Hans BEYER, *Die Revolution in Bayern 1918/19.* 2. Auflage, Berlin (Ost) 1988.

153 *Ibid.*

discussions[154]. Le nouveau gouvernement était dirigé par Martin Seglitz (SPD) qui passa rapidement la main à son collègue du SPD Johannes Hoffmann[155] (1867-1930) qui obtint les pleins pouvoirs de la part du *Landtag* le 21 mars 1919[156]. Mais l'action du gouvernement était très contestée par les conseils de soldats qui appelaient à une révolution sociale et réclamaient l'instauration d'un régime de type bolchevique et qu'à la révolution politique succède enfin une révolution sociale : socialisation de la presse, des industries et des propriétés agraires[157]. Dans la nuit du 6 au 7 avril 1919, la République bavaroise des Conseils avec à sa tête des spartakistes et des membres de l'USPD (Ernst Toller, Gustav Landauer, Erich Mühsam, Franz Lipp…) destitua le gouvernement Hoffmann qui quitta Munich pour Bamberg[158]. Le 13 avril, à Munich, une tentative de putsch contre-révolutionnaire organisée sur l'incitation du gouvernement Hoffmann, à laquelle s'associa Hitler[159], fut vaincue grâce à une large mobilisation ouvrière qui décida d'une grève générale et à la promptitude de réaction de l'armée révolutionnaire mise en place fin février par

---

154 Henry BOGDAN, *Histoire de la Bavière, opus cit.*

155 Johannes Hoffmann était un enseignant protestant. Membre du SPD, il fut élu au *Reichstag* en 1912, puis devint ministre de l'Education de la Bavière puis ministre-président de la Bavière à la suite de Kurt Eisner. Diethard HENNIG, *Johannes Hoffmann. Sozialdemokrat und Bayerischer Ministerpräsident.* K. G. Saur Verlag, München 1990.

156 F.L. CARSTEN, *La Rivoluzione nell'Europe centrale (1918-1919),* Milan 1978, p.208-210.

157 Erich MÜHSAM, *La République des conseils de Bavière, Munich du 7 novembre 1918 au 13 avril 1919*, Paris, Spartacus 1999.

158 Friedrich PRINZ, *Die Geschichte Bayerns, opus cit.*

159 Thierry FERAL, *Le national-socialisme*, Paris, Ellipses, 1999, p. 50.

Eugen Leviné[160] (1883-1919), le successeur communiste de Kurt Eisner[161]. Certains membres du Conseil furent arrêtés, comme Erich Mühsam. La tentative de putsch se solda par 20 morts et une centaine de blessés. Fin avril, Ernst Toller (1893-1939) de l'USPD, écrivain juif expressionniste, remplaça Leviné après des désaccords entre révolutionnaires. Toller se montra particulièrement maladroit dans ses actions. Il chercha cependant à mettre un terme à la guerre civile par une transaction avec le gouvernement Hoffmann réfugié à Bamberg[162].

Finalement, Johannes Hoffmann et son ministre des Affaires militaires, Ernst Schneppenhorst[163], décidèrent de monter une armée de volontaires. Celle-ci fut cependant repoussée par les femmes et les hommes de l'arsenal de Dachau, à 30 km de Munich. Hoffmann souhaita ensuite demander des munitions et des armes à Berlin. Il ne voulait pas initialement davantage d'aide de la capitale du *Reich*, car il craignait qu'une intervention d'un régiment prussien en Bavière ne déchaîna la colère de la population. Mais finalement, il se résolu à faire appel à

---

160 Eugen Leviné était le fils d'un commerçant juif. Il vit le jour à Saint-Pétersbourg, mais il fit ses études supérieures en Allemagne. Il participa à la Révolution russe de 1905 à la suite de laquelle il fut déporté en Sibérie. Il parvint ensuite à s'échapper et à regagner l'Allemagne. Rosa MEYER-LEVINE, *Leviné. Leben und Tod eines Revolutionärs. Erinnerungen*. Hanser, München 1972.

161 Thierry FERAL, *Le national-socialisme*, Paris, Ellipses 1999, p.50.

162 *Ibid.*

163 Martin SCHUMACHER, Katharina LÜBBE, Wilhelm Heinz SCHRÖDER, *M.d.R. Die Reichstagsabgeordneten der Weimarer Republik in der Zeit des Nationalsozialismus. politische Verfolgung, Emigration und Ausbürgerung, 1933–1945. Eine biographische Dokumentation.* 3. Auflage. *opus cit.*

Gustav Noske, pour regagner Munich et se réinstaller au pouvoir. Bien entendu, Noske imposa ses conditions et l'accord mit fin « aux droits spéciaux réservés » dont bénéficiait la Bavière. Plus de 35 000 hommes furent recrutés pour l'occasion. Le général d'infanterie Burghard von Oven (1861-1935) dirigea les opérations avec le général Walther von Lüttwitz, le général Haas et le général Arnold von Möhl[164] (1867-1944). De très violents combats se déroulèrent à Munich, notamment au centre ville, du 27 avril au 2 mai 1919. Les corps-francs employèrent des lance-flammes, de l'artillerie lourde, des véhicules blindés et des avions pour venir à bout de l'armée communiste. Munich fut libérée des révolutionnaires communistes et une terrible répression fut engagée et de nombreux combattants communistes furent fusillés. Le nombre de victimes demeure incertain mais il est vraisemblable qu'entre 500 et 700 personnes (morts au combat, fusillés après jugement d'une cour martiale, fusillés sommairement, victimes innocentes…) perdirent la vie durant ces journées[165], dont Gustav Landauer[166] (1870-1919) un juif russe militant anarchiste emblématique et Rudolf Egelhofer[167](1896-1919) un vétéran de la mutinerie de Kiel qui commandait une armée rouge forte de 20 000 ouvriers et soldats pour la plupart recrutés au sein des

---

164 Arnold von Möhl créa le 11 mai 1919 le *Bayerisches Reichswehrgruppenkommando* 4 (*Gruko*) qui fut chargé notamment de procéder à l'endoctrinement des troupes via une implacable propagande nationaliste et anti-bolchevique ainsi que d'une surveillance active des éléments déviants.

165 A. KRAUS, *Geschichte Bayerns von den Anfängen bis zum Gegenwart*, München, Beck 2004.

166 Friedrich HITZER, *Der Mord im Hofbräuhaus. Unbekanntes und Vergessenes aus der Baierischen Räterepublik*, Frankfurt am Main, Roderberg Verlag 1981.

167 *Ibid.*

grandes usines munichoises et de la garnison de la capitale bavaroise[168]. Le 30 avril, cette armée rouge fusilla huit personnes (dont plusieurs membres de la Société Thulé[169] (*Thule Gesellschaft*) ainsi que deux soldats des troupes gouvernementales) en représailles à des actes de barbarie commis par la « Garde blanche » dans certains quartiers de la ville. Le 6 juin, Eugen Léviné fut fusillé par les autorités pour haute trahison malgré de nombreuses protestations et le soutien des ouvriers de Berlin. Ernst Toller fut pour sa part sauvé suite à un mouvement de protestation international[170] et ne fut condamné qu'à cinq ans de prison. Erich Mühsam écopa d'une condamnation à quinze ans de prison. Au total, plus de 6000 années de prison furent décidées : 65 inculpés furent condamnés aux travaux forcés, 1737 à des peines de prison et 407 à des peines allégées.[171]

A la suite de deux Républiques des Conseils de Munich, de très nombreuses conditions furent alors réunies en Bavière qui favorisèrent l'émergence et l'implantation de l'extrême-droite et des attitudes

---

168 Ian KERSHAW, *Hitler*, Paris, Flammarion 2001, p.184.

169 Fondée au moment de la capitulation de l'Allemagne et dirigée par Rudolf von Sebottendorf (1875-1945), cette union antisémite (*Germanenorden*) choisit rapidement de prendre le nom de Société Thulé afin de ne pas trop attirer les regards sur ses activités racistes, antisémites, nationalistes et ésotériques. La devise de la Société Thulé était: « Souvenez-vous que vous êtes allemand. Préservez la pureté de votre sang. » Plusieurs membres parmi les plus influents de la NSDAP (Heinrich Himmler, Alfred Rosenberg, Rudolf Hess...) furent des acteurs assidus des réunions de la Société de Thulé.

170 Dieter DISTL, *Ernst Toller. Eine politische Biographie*. Bickel, Schrobenhausen 1993, Richard DOVE, *Ernst Toller. Ein Leben in Deutschland*, München, Steidl 1993.

171 Ian KERSHAW, *Hitler*, opus cit, p.185.

antisémites. Cette situation particulière est également soulignée par l'historien allemand Heinrich A. Winkler :

« […] Les deux Républiques des Conseils de Munich furent largement responsables de la transformation rapide, après le printemps 1919, de la capitale du *Land* bavarois en bastion de groupes d'extrême-droite. Le fait que Kurt Eisner fût un juif prussien, Eugen Leviné et Max Levien […] des Juifs de l'Est, tandis que de nombreux chefs de file intellectuels de la Première et de la Seconde République des Conseils, dont les écrivains Ernst Toller, Erich Mühsam et Gustav Landauer (assassiné par des membres des corps francs) étaient issus de familles juives, prêta un puissant élan à l'antisémitisme, déjà vigoureux.

La situation qui régnait dans la Munich postrévolutionnaire convint à merveille au plus talentueux des agitateurs antisémites. Adolf Hitler commença sa carrière politique à l'été 1919 comme informateur du commandement bavarois de la *Reichswehr* : ses propos incendiaires n'auraient pu trouver meilleure caisse de résonance[172]. »

Le putsch de Kapp

Le 21 juillet 1919, une tentative de putsch d'extrême-droite orchestrée par Wolfgang Kapp[173](1858-1922),

---

172 Heinrich A. WINKLER, *Histoire de l'Allemagne 19e-20e siècle: un long chemin vers l'Occident*, Paris, Fayard 2005, p.336.

173 Wolfgang Kapp était le fils d'un député du *Reichstag* qui quitta l'Allemagne pour les USA à la suite de l'échec de la révolution de mars 1848. Wolfgang Kapp vit donc le jour aux USA avant de revenir en Allemagne. Il était magistrat, journaliste et fondateur en 1917 du *Deutsche Vaterlandspartei* et élu du *Reichstag* depuis 1919. Il créa un syndicat germano-russe afin de pourvoir au financement de l'armée blanche du colonel Pawel Michailowtsch Awalow-Bermondt (1877-

député au *Reichstag* et représentant des junkers et des hauts fonctionnaires impériaux, prémices du putsch de mars 1920, et dont l'action sur le terrain fut conduite par le commandant de cavalerie Waldemar Pabst[174], secoua l'été berlinois. Pabst était déjà bien connu pour de nombreuses actions de sinistre mémoire. En effet, il était celui qui commandait l'unité de la Garde montée qui fut défaite par les Spartakistes devant le palais impérial à Berlin le 24 décembre 1918, qui participa à la reconquête du *Vorwärts*[175] (11-12 janvier 1919) et qui fut directement impliquée dans l'assassinat de Rosa Luxemburg.

Cette initiative de l'été 1919 se solda par un échec retentissant avant même l'entrée de Pabst et de ses hommes dans Berlin. A l'issue de cette regrettable initiative, Pabst fut limogé. Il s'illustra ensuite dans la répression du mouvement ouvrier à Vienne en 1927. Cofondateur de la Société pour l'étude du fascisme, il fut nommé *Wehrwirtschaftsführer* par Hitler en 1938. Il gagna d'autre part beaucoup d'argent comme marchand d'armes, séjourna souvent en Suisse et lia amitié avec Heinrich Rothmund[176] (1888-1961), le chef de police helvétique, un

---

1974). Il bénéficiait du soutien de certains banquiers comme Bleichröder (*Bankhaus S. Bleichröder*), ainsi que de celui d'importants industriels comme Hugo Stinnes (1870-1924) ou Carl Duisberg (1861-1935).

174 Klaus GIETINGER, *Der Konterrevolutionär. Waldemar Pabst. Eine deutsche Karriere. Hamburg,* Nautilus, 2009, Doris KACHULLE, *Waldemar Pabst und die Gegenrevolution. Vorträge, Aufsätze.* Berlin, Organon, 2007.

175 Hans MOMMSEN, Elborg FORSTER, Larry Eugene JONES, *The Rise and Fall of Weimar Democracy*, University of North Carolina Press 1998.

176 Heinz ROSCHEWSKI, *Rothmund und die Juden. Eine historische Fallstudie des Antisemitismus in der schweizerischen*

homme particulièrement controversé[177]. A la fin de la guerre, il appuya la *nationalistische Bruderschaft*.

A la fin de l'été 1919, le général Walther von Lüttwitz[178] et Wolfgang Kapp[179]décidèrent de procéder au renversement du gouvernement[180] de Friedrich Ebert en utilisant les corps-francs employés en Lettonie et en Courlande contre les bolcheviques. Lüttwitz fut dissuadé

Flüchtlingspolitik 1933–1957. Basel 1997.

177 Thierry FERAL, *Suisse et nazisme*, Paris, L'Harmattan, 2005.

178 Lüttwitz était un opposant au Traité de Versailles, notamment à la clause prévoyant une réduction de l'armée allemande à 100 000 hommes, la dissolution des corps-francs et l'extradition de 900 membres de la *Reichswehr* (accusés par les Alliés de crimes de guerre). Après sa fuite d'Allemagne le 17 mars 1920, il s'installa pendant quelques mois en Hongrie avant de revenir en Allemagne, une fois son amnistie prononcée en août 1924. Il soutint alors le *Deutschnational Volkspartei* (DNVP, opposé à la République de Weimar). En 1931, il soutint le Front de Harzburg, coalition à laquelle participait la NSDAP. En 1933, à l'arrivée du parti nazi au pouvoir, il envoya une lettre de félicitation au ministre de l'Intérieur, Wilhelm Frick. En 1934, il publia un livre intitulé *Im Kampf gegen die Novemberrepublik* (En lutte contre la révolution de novembre).

179 Hans-Joachim BIEBER, *Bürgertum in der Revolution*. Hamburg, Hans Christians Verlag, 1992. Karl BRAMMER, *Fünf Tage Militärdiktatur. Dokumente zur Gegenrevolution*, Berlin, Verlag für Politik und Wirtschaft Berlin W35, 1920. James CAVALLIE, *Ludendorff und Kapp in Schweden. Aus dem Leben zweier Verlierer*, Lang: Frankfurt/a. M. u. a. 1995, Jürgen MANTHEY, *Revolution und Gegenrevolution (August Winnig und Wolfgang Kapp)*. In: Königsberg. Geschichte einer Weltbürgerrepublik. München 2005, S. 554-562. Gustav NOSKE, *Von Kiel bis Kapp. Zur Geschichte der deutschen Revolution*, Berlin, Verlag für Politik und Wirtschaft Berlin W35, 1920. Hans ROTHFELS, *Wolfgang Kapp*, in: Deutsches Biographisches Jahrbuch, Band 4, S. 132-143. Stuttgart 1922. Ludwig SCHEMANN, *Wolfgang Kapp und das Märzunternehmen vom Jahre 1920*. München / Berlin: J. F. Lehmanns Verlag, 1937.

180 La première rencontre entre Kapp et Lüttwitz se déroula le 21 août 1919. Walther von LÜTTWITZ, *Im Kampf gegen die*

de passer à l'action par le chef de la police de Berlin le colonel Arens[181]. Ce dernier organisa à cette fin une rencontre entre Lüttwitz et les responsables parlementaires de la droite[182]. Suite à la décision prise par les Alliés de rapatrier ces corps-francs, la brigade commandée par le capitaine de corvette Hermann Ehrhardt (1881-1971) forte de 6000 hommes avait pris position près de Berlin, à Döberitz, dans l'attente de sa prochaine démobilisation. Les putschistes envisagèrent de se servir de ces hommes très hostiles au communisme, parfaitement prêts au combat, pour prendre le pouvoir par la force et mettre en place un nouveau gouvernement qui serait capable de s'opposer à l'application du Traité de Versailles qu'ils rejetaient fermement. De plus, les officiers se montraient très sensibles à la menace d'extradition des « criminels de guerre » voulue par les Alliés. Crainte dont ils firent part, avec le soutien de Gustav Noske, aux membres du gouvernement dès le 26 juillet 1919[183].

Le 12 mars 1920, le gouvernement apprit par Gustav Noske l'existence d'un projet imminent de renversement du gouvernement[184]. D'après les informations en possession de Noske, les auteurs de ce coup de force étaient Wolfgang Kapp et Waldemar Pabst. Noske lança des mandats d'arrêt contre certains des

---

Novemberrevolution, Berlin 1934, p.97.

181 Johannes ERGER, *Der Kapp-Lüttwitz Putsch. Ein Beitrag zur deutsche Innenpolitik 1919-1920*, Droste, Düsseldorf 1967, p.117.

182 *Ibid.*

183 JW. WHEELER-BENNETT, *The Nemesis of Power. The German Army in Politics (1918-1945)*, London 1954, p. 71-72.

184 Heinrich A. WINKLER, *Histoire de l'Allemagne*, *Opus cit.*, p.345.

conspirateurs[185], notamment Waldemar Pabst, mais ce fut sans effet sur l'action des putschistes. De larges fractions de la *Reichswehr* étaient prêtes à participer à l'action. L'entrée en vigueur du Traité de Versailles le 10 janvier 1920 avait exacerbé jusqu'à un point de non retour les tensions entre le gouvernement et de nombreux officiers dont le général Walther von Lüttwitz. Outre la livraison de criminels de guerre allemands, la réduction de l'armée à 100 000 hommes prévue par le Traité de Versailles était une clause inacceptable pour beaucoup d'officiers. Les corps francs, notamment les *Baltikumer*, ces ligues de volontaires qui après la fin de la guerre avaient combattu en Lettonie et en Estonie se retrouvaient en plein dans la tourmente du Traité. D'autre part, l'aile militaire des putschistes était adossée à des politiciens d'extrême-droite très proches des grands propriétaires et de certains fonctionnaires monarchiques de l'ancienne Prusse[186].

Finalement, le 13 mars 1920, après avoir exigé en vain la démission d'Ebert, l'élection d'un nouveau président, la dissolution du *Reichstag* et la mise en place de nouvelles élections[187], la brigade de marine Ehrhardt placée sous les ordres du général Walther von Lüttwitz entra dans Berlin à 5 heures du matin, occupa les ministères, cerna le siège du gouvernement de Friedrich Ebert et proclama sa dissolution. Lorsque Ebert réunit les généraux Hans von Seeckt[188] (1866-1936) et Kurt von

185 Jacques BENOIST-MECHIN, *Histoire de l'armée allemande*, Paris, Albin Michel 1936, p.86.

186 Heinrich A. WINKLER, *Histoire de l'Allemagne*, *Opus cit.*, p.346.

187 Johannes ERGER, *Der Kapp-Lüttwitz-Putsch. Ein Beitrag zur deutsche Innenpolitik 1919/20, opus cit.*, p.140.

188 Hans von Seeckt n'éprouvait aucune sympathie pour la

Schleicher (1882-1934) afin d'apporter une riposte à ce putsch perpétré par l'extrême-droite, l'armée se montra très hésitante sur le rôle qu'elle devait jouer à cette occasion car comme le souligna le Haut-Commandant de l'état-major : « La *Reichswehr* ne peut admettre aucune guerre fratricide *Reichswehr* contre *Reichswehr* » ou comme le déclara Hans von Seckt : « La *Reichswehr* ne tirera pas sur la *Reichswehr* » (« *Reichswehr wird nicht auf Reichswehr schiessen* »). Le seul général prêt à défendre la République fut le général Walther Reinhardt (1872-1930)[189]. Le gouvernement se résolu alors à prendre la fuite, d'abord à Dresde puis ensuite à Stuttgart. Wolfgang Kapp déclara alors le gouvernement social-démocrate démis de ses fonctions, sans toutefois faire procéder à la moindre arrestation, et il se proclama chancelier. Des personnalités qualifiées issus de la police et du ministère de l'Intérieur rejetèrent l'offre des putschistes d'occuper certains postes ministériels clés[190]. A midi, tous les états-majors et toutes les forces de police de la région militaire de Berlin s'étaient ralliées aux putschistes[191]. Néanmoins, le gouvernement Ebert parvint avec l'appui des syndicats à lancer un appel à la grève afin d'enrayer l'action des putschistes. Ce vibrant appel à la lutte signé par Friedrich Ebert, Gustav Bauer, Gustav Noske et Otto Wels (1873-1939) pour le Comité directeur

---

république et ses représentants. Il écrivit même qu'il collaborait avec eux « le dégoût au cœur et le juron sur le bout de la langue », extrait d'une lettre citée dans *« Informationen zur politischen Bildung »*, n°109-110: « *mit dem Ekel im Herzen und dem Fluch auf der Zunge.* »

189 Rita THALMANN, *La République de Weimar, opus cit.*, p.32.

190 Johannes ERGER, *Der Kapp-Lüttwitz-Putsch. Ein Beitrag zur deutsche Innenpolitik 1919/20, opus cit.*, p.133.

191 Jacques BENOIST-MECHIN, *Histoire de l'armée allemande, opus cit.*, pp.97-98.

du SPD, bien relayé par les organisations syndicales, fut très massivement suivi et avec une célérité exemplaire :

« Luttez par tous les moyens pour le maintien de la République. Abandonnez tous vos différends. Il n'existe qu'un seul moyen contre la dictature de Guillaume II :
- la paralysie totale de toute l'économie ;
- tous les bras doivent être croisés ;
- aucun prolétaire ne doit prêter son concours à la dictature militaire ;
- grève générale sur toute la ligne. Prolétaires, unissez-vous. A bas la contre-révolution. »

En vérité, ce fut Otto Wels[192], un des rares dirigeants du SPD a être demeuré dans la capitale, qui prit sur lui de signer l'affiche d'appel à la grève générale unitaire pour le compte de l'ensemble des ministres du SPD[193]. Cependant, la formation d'un comité central de grève échoua en raison de l'opposition des Indépendants qui entendaient défendre la République mais pas le gouvernement Ebert-Noske[194]. Il y eut donc deux comités centraux de grève à Berlin, l'un placé sous l'autorité de

---

192 Otto Wels fit preuve également d'un grand courage face au nazisme, notamment lors de son discours à la tribune du *Reichstag* lors du vote de la loi des pleins pouvoirs pour Hitler. A ce sujet lire: Didier CHAUVET, *Georg Elser et l'attentat du 8 novembre 1939 contre Hitler*, Paris, L'Harmattan 2009. Sur le parcours complet d'Otto Wels, lire: Hans J. L. ADOLPH, *Otto Wels und die Politik der deutschen Sozialdemokratie, 1894–1939. Eine politische Biographie*, Veröffentlichungen d. Historischen Kommission zu Berlin beim Friedrich-Meinecke-Institut d. Freien Universität, De Gruyter, Berlin 1971.

193 Otto BRAUN, *Von Weimar zu Hitler*, Hamburg, Hammonia Norddeutsche Verlagsanstalt 1949, p.94.

194 Johannes ERGER, *Der Kapp-Lüttwitz-Putsch. Ein Beitrag zur deutschen Innenpolitik 1919/20, opus cit.*, p.196.

Legien et des syndicats A.D.G.B., AfA, Ligue des fonctionnaires et le SPD[195], et l'autre placé sous l'autorité des syndicats berlinois, de l'USPD et ensuite du KPD[196]. Seul le second prit le titre officiel de « Direction centrale de la grève », mais sur le terrain il y avait bien deux commandements.

De son côté, Wolfgang Kapp décida de la dissolution de l'Assemblée Nationale, déclara que de nouvelles élections devaient se tenir et menaça tout ouvrier en grève de la peine de mort. Mais Kapp se trouva confronté à une opposition sans faille de la part des ouvriers allemands. Alors que le 14 mars 1920 était un dimanche, la mobilisation ouvrière fut immédiatement considérable. Ainsi, de la Prusse Orientale à la Bavière, de la Bavière à la Ruhr en passant bien entendu par la capitale, des manifestations se firent jour, les centres industriels furent totalement paralysés. De nombreux ouvriers essayèrent de pénétrer dans des postes de police afin de se procurer des armes. Une certaine panique s'empara alors des putschistes dont plusieurs unités ouvrirent le feu sur des ouvriers les 13 et 14 mars 1920. Les ouvriers s'organisèrent rapidement et des conseils d'ouvriers se réunirent pour décider des actions à entreprendre. Les ouvriers envahirent ainsi les rues pour former les plus grandes manifestations depuis celles qui marquèrent l'avènement de la République en 1918. Les principaux foyers de la résistance ouvrière se formèrent en Saxe, à Hambourg, à Francfort, à Munich et dans la Ruhr. Néanmoins, de son côté, le KPD, en l'absence de Paul

---

195 J. VARAIN, *Freie Gewerkschaften Sozialdemokratie und Staat*, Düsseldorf, Droste, 1956, p.173.

196 *Ibid.*

Levi[197] (1883-1930) avocat et leader du parti, en prison à ce moment là, demeura en retrait des événements. Ainsi, le 13 mars lorsque les troupes des putschistes pénétrèrent dans Berlin, le KPD déclara :

« Le prolétariat ne lèvera pas le petit doigt pour la République démocratique […] La classe ouvrière, hier encore mise aux fers par les Ebert et Noske, et désarmée,[…] est en ce moment incapable d'agir. La classe ouvrière entreprendra la lutte contre la dictature militaire dans les circonstances et avec les moyens qui lui paraîtront propices. Ces circonstances ne sont pas encore réunies. »

---

197 Paul Levi, fils d'un banquier juif, était un avocat. Il devint membre du SPD en 1906. Hostile à la guerre mondiale, il participa à la Ligue spartakiste et fut exclu en 1916 du SPD. Suite aux assassinats de Rosa Luxemburg, Karl Liebknecht, Leo Jogiches, Paul Levi devint alors le dirigeant de fait du KPD. En octobre 1919 il dirigea l'exclusion de la gauche anti-parlementaire du KPD, qui créera le KAPD. En 1920 il organisa la fusion du KPD avec l'aile gauche de l'USPD. En désaccord avec la politique putschiste dictée par les bolcheviks, Paul Levi quitta la présidence du KPD en février 1921. En avril 1921 il publia une brochure (*Unser Weg, Wider den Putschismus*) qui critiquait sévèrement la nouvelle direction du KPD et la direction de l'Internationale communiste. Il écrivit par exemple : « *L'exécutif* [de l'Internationale] *ne se comporte pas autrement qu'une Tchéka agissant au delà des frontières russes* ». La direction de l'Internationale décida alors de son exclusion. Paul Levi créa alors un courant marxiste de gauche — le *Kommunistische Arbeitsgemeinschaft* (KAG). Ce courant fut intégré au sein du SPD en 1922, comme minorité de gauche. Il fonda en 1923 la revue *Sozialistische Politik und Wirtschaft*, qui elle-même fusionnera avec la revue *Der Klassenkampf* en 1928. Malade des poumons, il se suicida le 9 février 1930 en se jetant d'une fenêtre. Étant député au moment de sa mort, le *Reichstag* procéda à une minute de silence, à laquelle seuls deux groupes parlementaires refusèrent de s'associer : les nazis et les staliniens du KPD. Charlotte BERADT, *Paul Levi. Ein demokratischer Sozialist in der Weimarer Republik*. Frankfurt/M. 1969.

Il s'agit d'une lourde erreur du KPD qui fut totalement contredit par la classe ouvrière désireuse de se débarrasser immédiatement des putschistes. En effet, loin de refluer le mouvement ouvrier s'amplifiait au fil des heures. Le 15 mars 1920, le KPD modifia cependant sa position initiale face à la détermination du monde ouvrier :

« Rassemblement immédiat dans toutes les usines pour élire des conseils d'ouvriers. Réunion immédiate des conseils en assemblées générales qui se doivent de prendre en charge la direction de la lutte et d'arrêter les prochaines mesures à prendre. Réunion immédiate des conseils en un Congrès central des conseils. Au sein des conseils ouvriers les Communistes luttent pour la dictature du prolétariat, pour la République des Conseils… »

Toutefois, il n'était pas question pour le KPD de faire alliance avec le SPD. Néanmoins, dans certaines villes, les membres du KPD rejoignirent le mouvement général et lancèrent des appels à la grève communs avec le SPD. Ainsi, à Francfort, l'appel suivant fut lancé :

« Il faut entrer en lutte maintenant, non pas pour protéger la République bourgeoise, mais pour établir le pouvoir du prolétariat. Quittez immédiatement les usines et les bureaux. »

A Wuppertal, l'USPD, le SPD et le KPD lancèrent un appel similaire :

« La lutte unitaire doit être menée avec pour objectifs :

1) La conquête du pouvoir politique par la dictature du prolétariat jusqu'à la consolidation du socialisme sur la base du pur système des conseils.

2) La socialisation immédiate des entreprises économiques suffisamment mûres pour cette fin.

3) Pour atteindre ces objectifs, les partis signataires (USPD, KPD, SPD) appellent à entrer avec détermination en grève générale le lundi 15 mars. »

A Chemnitz, le leader local du KPD, Heinrich Brandler[198] (1881-1967) décida immédiatement de participer à l'action contre les putschistes et, avec le soutien de Max Holtz, il monta un conseil ouvrier des plus actif. En quelques heures, une milice ouvrière forte de 3000 hommes fut mise sur pied[199].

Le 16 mars 1920, Paul Levi, alors emprisonné, écrivit une longue lettre au Comité central du Parti Communiste allemand afin de lui faire part de sa colère face à l'attitude du parti lors des premiers jours du putsch :

« Camarades,

Je viens de lire votre proclamation. Mon opinion est que le KPD court à la faillite morale et politique. Je ne puis

---

198 H. Brandler était un maçon devenu infirme suite à un accident du travail, un ancien social-démocrate et un syndicaliste (militant dès 1897). Il adhéra au SPD en 1901, puis suite à de profonds désaccords, il quitta le SPD pour rejoindre l'USPD. Il s'opposa fermement aux gauchistes, utopistes et se montra toujours favorable à l'unité de classe par la lutte. Ainsi, le journal de Chemnitz, *Der Kämpfer*, écrivit sous la plume d'Heinrich Brandler en juillet 1919: « Les putschs, les émeutes, les révoltes ne servent à rien, au contraire, ils aident la contre-révolution. Travailler de façon unitaire, avec une claire conscience de l'objectif, au rassemblement de la classe ouvrière encore peu capable d'action politique, telle est la voie à suivre, difficile certes, mais unique. » *Der Kämpfer* du 5 juillet 1919.

199 Heinrich BRANDLER, *Die Aktion gegen den Kapp-Putsch in Westsachsen,* Berlin 1920, p.7.

comprendre, comment, dans une telle situation, on peut écrire des phrases comme : *La classe ouvrière est, en ce moment, incapable d'agir ; il faut le déclarer ouvertement. Le seul fait que le gouvernement Lüttwitz-Kapp a pris la place du gouvernement Bauer-Noske n'apporte pas de changement immédiat à la marche de la grande lutte de classe.* Écrire de pareilles choses, c'est faire le jeu de ces misérables éléments du mouvement ouvrier qui crient sans cesse : *Tout cela ne mène à rien*. Ils peuvent maintenant se réclamer du KPD.

Après avoir, dès le premier jour, nié la capacité d'action du prolétariat, on fait paraître le jour suivant une proclamation : « *Le moment est enfin arrivé où le prolétariat allemand doit commencer la lutte pour la dictature du prolétariat et la république des soviets* ». Et dans ce but on décide de faire la grève générale [...] Puis, quand la grève générale a fait sortir des usines tous les ouvriers, on fixe les élections des comités et on convoque un congrès des comités centraux. Bref, politiquement et en matière d'organisation, nos « pontifes » cassent le cou à la grève générale. Moralement ils l'achèvent. Selon moi, c'est un crime que de briser l'action en criant au fort de la lutte : *le prolétariat ne remuera même pas le petit doigt pour la République démocratique*.

Savez-vous comment cela s'appelle ? Le plus traître coup de couteau dans le dos que l'on ait jamais donné au prolétariat allemand ! Jusqu'à l'heure actuelle je croyais que nous étions d'accord sur les points suivants: Quand une action a lieu, même pour le but le plus stupide [...] nous devons soutenir cette action, nous efforcer par nos mots d'ordre de la canaliser vers un autre but révolutionnaire et développant cette action faire en sorte que les masses comprennent notre but. Mais il ne faut jamais crier dès le début : « *Ne pas remuer le petit doigt !* » [...] Il faut élargir le mot d'ordre, l'élargir peu à peu. La république des soviets, cela vient ensuite et non au début. [...] Pour le moment, le seul mot d'ordre est : *L'armement du prolétariat!* Maintenant, regardez dans la *Rote Fahne* de dimanche l'article intitulé : *Que faire ?* Nous devrions bien nous dire qu'au cas de l'échec de l'insurrection militaire, le gouvernement Bauer-Ebert-Noske, s'il revenait au pouvoir, ne serait plus l'ancien gouvernement, car il aurait perdu son appui de droite. Ce serait comme en janvier 1919, où il s'est modifié après avoir perdu son soutien de gauche. C'est pourquoi il faut maintenant faire tous les efforts pour que l'émeute soit écrasée, sans compromis ! Si on y réussit, toute « République démocratique » future ira fatalement à gauche, car elle aura perdu son soutien de droite[200]. [...] »

La réaction des putschistes fut vive, ainsi dans la Ruhr, important foyer d'agitation anti-putschistes, les unités contre-révolutionnaires essayèrent de procéder à l'encerclement des ouvriers. Mais, dans la Ruhr, les ouvriers étaient très organisés et s'étaient dotés d'une direction centralisée qui coordonnait l'action pour plusieurs villes et qui créa des unités d'ouvriers armés. Peu à peu, les ouvriers parvinrent à faire fléchir les unités putschistes qui furent obligées de s'avouer vaincues et de se retirer totalement de la Ruhr.

Le putsch de Kapp se révéla assez rapidement être condamné à l'échec en raison de l'incroyable puissance du souffle du mouvement ouvrier, de la résistance des fonctionnaires berlinois et de l'attitude de la *Reichsbank* qui refusait de financer davantage les troupes putschistes en écartant une demande d'avance de 10 millions de marks. Les trains, les trams ne circulaient plus. Aucune lettre n'était acheminée. Les usines ne fonctionnaient plus. Berlin se retrouvait privée d'eau, de gaz, d'électricité. La très grande majorité des sièges des services publics étaient fermés. Aucun journal ne paraissait plus. Le gouvernement putschiste se retrouvait privé de la moindre prise sur la vie sociale. La situation n'était plus tenable. Le 16 mars, Kapp

200 Bulletin communiste, 25 novembre 1920, numéro 44/45.

se résolu à négocier avec le vice-chancelier Eugen Schiffer (1860-1954)[201]. Mais les choses traînèrent en longueur et aucun résultat tangible ne découla de ces discussions. Kapp durcit alors encore le ton et menaça de faire fusiller les meneurs et les ouvriers des piquets de grève à partir de 16 heures[202]. Mais les industriels firent part de leur désapprobation face à cette mesure qui, si elle se trouvait appliquée, allait déclencher à coup sûr une terrible guerre civile. Ernst von Borsig (1869-1933) lui-même entreprit de faire changer Kapp d'avis :

« L'unanimité est si grande au sein de la classe ouvrière qu'il est impossible de distinguer les meneurs des millions d'ouvriers qui ont arrêté le travail[203]. »

Mais la bataille était déjà perdue pour Kapp et ses proches. En effet, dès le 17 mars, soit quelque 100 heures après le début du putsch, Kapp se vit contraint à la reculade et à se démettre sans aucune condition préalable. Il quitta l'Allemagne en automobile et trouva refuge en Suède[204]. Lüttwitz fit de même et gagna la Hongrie[205]. Le commandement général se retrouva ensuite entre les mains

---

201 Johannes ERGER, *Der Kapp-Lüttwitz-Putsch. Ein Beitrag zur deutschen Innenpolitik 1919/20, opus cit.*, p.205. Sur Eugen Schiffer lire: Thilo RAMM, *Eugen Schiffer (1860-1954). Ein nationalliberaler Staatsmann*, Nomos Verlag, Baden-Baden 2006.

202 Johannes ERGER, *Ibid.*

203 Jacques BENOIST-MECHIN, *Histoire de l'armée allemande, opus cit.*, p. 103.

204 Johannes ERGER, *Der Kapp-Lüttwitz-Putsch. Ein Beitrag zur deutschen Innenpolitik 1919/20, opus cit.*, p.265. Wolfgang Kapp fut autorisé à rentrer en Allemagne en 1922. Il mourut à Leipzig le 12 juin 1922.

205 *Ibid*, p.277. Walther von Lüttwitz revint dans son pays en 1924, une fois son amnistie effective.

de Hans von Seeckt[206] qui fut nommé chef de la Direction des armées (*Heeresleitung*). La brigade Ehrhardt se retira de Berlin non sans avoir commis, en plus des affrontements sanglants contre les ouvriers, des pogroms dans les quartiers juifs. Le général Walther Reinhardt donna pour sa part sa démission. Mais le président Ebert ne se montra pas favorable à cette initiative et nomma le général Reinhardt commandant du corps d'armée de Kassel[207]. Il est à noter que le seul général prêt à défendre la République par les armes donna sa démission alors que von Seeckt qui ne le fit pas se vit promu.

Ce succès de la classe ouvrière allemande ne fut cependant pas réellement suivi d'effet au niveau du quotidien. Mis à part les ouvriers de la Ruhr, nous l'avons vu, qui se montrèrent organisés, la plupart des autres mouvements qui eurent lieu dans les grandes villes ne donnèrent pas lieu à la mise en place d'organisations capables ensuite de défendre des revendications autre que l'arrêt du putsch et de porter le fer contre la société capitaliste.

Dès l'échec des putschistes consommé, le SPD et les syndicats appelèrent les ouvriers à reprendre le travail et à cesser les manifestations et revendications. Ainsi, Friedrich Ebert et Philipp Scheidemann signèrent le texte suivant :

« Kapp et Lüttwitz sont hors d'état de nuire, mais la sédition des Junkers continue de menacer l'État populaire allemand. C'est eux que concerne la poursuite du combat,

206 *Ibid.*
207 F.L. CARSTEN, *The Reichswehr and Politics 1918-1933*, Oxford 1966, p.92.

jusqu'à temps qu'eux aussi se soumettent sans conditions. Pour ce grand but, il faut resserrer encore plus solidement et plus profondément le front républicain. La grève générale, à plus longue échéance, porte atteinte non seulement à ceux qui se sont rendus coupables de haute trahison, mais aussi à notre propre front. Nous avons besoin de charbon et de pain pour poursuivre le combat contre les anciennes puissances, c'est pourquoi il faut cesser la grève du peuple, mais tout en restant en état d'alerte permanent. »

Parallèlement à cet appel, le SPD s'engagea, notamment à travers l'accord de Bielefeld, à entreprendre des réformes en faveur d'une plus grande démocratie dans les usines ainsi que de permettre « une influence déterminante dans l'élaboration de la nouvelle réglementation de la constitution économique et sociale » et de veiller fermement à l'épuration de l'administration des forces ayant des inclinations pour les putschistes. Les effets politiques du putsch et la vive réaction ouvrière firent naître une phase de questionnement au sein du SPD qui ressortait indiscutablement affaibli de ces événements. Ainsi, le *Vorwärts*, dès le 18 mars 1920, prenait position en faveur d'un certain changement :

« Le gouvernement doit être remanié. Non sur sa droite, mais à gauche. Il nous faut un gouvernement qui soit décidé sans réserves à lutter contre la réaction militariste et nationaliste, et qui sache se gagner la confiance des travailleurs, aussi loin que possible sur sa gauche[208]. »

Néanmoins, le SPD n'était pas unitaire sur ces objectifs et des déchirures continuèrent à agiter la vie du mastodonte social-démocrate. Mais, si d'un côté le

---

208 *Vorwärts*, édition spéciale du 18 mars 1920.

gouvernement se montra soucieux d'entamer un dialogue avec la classe ouvrière, d'un autre côté, il prit rapidement les choses en main pour désarmer les milices ouvrières. Des affiches officielles furent placardées en ville. Elles appelaient la population à la reprise du travail mais aussi à rejeter toute récupération par les communistes et il était précisé qu'une somme de 50 marks seraient versées aux personnes désireuses de participer au retour au calme et à la traque aux côtés de l'armée des communistes et autres révolutionnaires. Les troupes gouvernementales se montrèrent souvent brutales et exécutèrent plus de 1000 ouvriers rien que dans la Ruhr. D'autres exactions eurent lieu, comme des tortures ou des viols.

Les syndicats (A.D.G.B, *Allgemeiner Deutscher Gewerkschaftsbund*[209] (Confédération Générale Syndicale Allemande) et l'AfA-Bund, *Allgemeiner freier Angestelltenbund*[210] (Fédération générale des employés libres)) avancèrent neuf points nécessaires avant d'envisager une reprise du travail[211] :

« 1° la reconnaissance par le futur gouvernement du rôle des syndicats dans la reconstruction économique et sociale du pays ;

---

209 L'*Allgemeiner Deutscher Gewerkschaftsbund* (Confédération Générale Syndicale Allemande) était une organisation syndicale allemande fondée le 5 Juillet 1919 à Nuremberg au premier congrès des syndicats libres d'après-guerre. Elle prit la suite de la Commission Générale des Syndicats en Allemagne. Elle était une alliance de 52 syndicats allemands avec des accords de coopération avec des organisations de fonctionnaires fédéraux (AFA-Bund).

210 L'*Allgemeiner freier Angestelltenbund* fut fondée en 1920 suite à la fusion de différents syndicats socialistes.

211 Erwin KÖNNEMANN, « *Zur Problem der Bildung einer Arbeiterregierung nach dem Kapp-Putsch* », BzG, 5/6, 1963, pp.904-921 (p.910).

2° le désarmement et le châtiment immédiat des rebelles et de leurs complices ;
3° l'épuration des administrations et des entreprises de tous les contre-révolutionnaires, la réintégration immédiate de tous les salariés révoqués ou licenciés pour leur activité syndicale ou politique ;
4° une réforme de l'État sur une base démocratique en accord et avec la collaboration des syndicats ;
5° l'application intégrale des lois sociales en vigueur et l'adoption de nouvelles lois plus progressistes ;
6° la reprise immédiate des mesures de préparation de socialisation de l'économie, la convocation de la commission de socialisation, la socialisation immédiate des mines de charbon et de potasse ;
7° la réquisition des vivres en vue du ravitaillement ;
8° la dissolution de toutes les formations armées contre-révolutionnaires et la formation de ligues de défense sur la base des organisations syndicales, les unités de la *Reichswehr* et de la police fidèles lors du putsch n'étant pas touchées ;
9° le départ de Noske et de Heine[212]. »

Mais, l'accord définitif de la reprise du travail devait venir des ouvriers eux-mêmes. Après de multiples délibérations et avis — de nombreuses assemblées ouvrières ne voulaient pas donner un chèque en blanc au gouvernement — une majorité se dessina en faveur de la reprise du chemin des usines et des bureaux.

Après le putsch, Hans von Seeckt, promu par Friedrich Ebert à la tête de la *Reichswehr*, se montra immédiatement d'une redoutable férocité envers les organisations d'extrême-gauche ainsi que le souligne le message qu'il délivra au nom du gouvernement du *Reich* :

---

212 Wolfgang Heine (1861-1944) était un avocat, membre du SPD. Il était l'un des leaders de l'aile droite du parti.

« Alors que le putschisme de droite doit quitter la scène battu, le putschisme de gauche relève à nouveau la tête […] Nous portons les armes contre toutes les variétés de putschs […] Ne vous laissez pas induire en erreur par les mensonges bolchevistes et spartakistes. Restez unis et forts. Faites front contre le bolchevisme qui veut tout anéantir. »

Ruth Fischer[213] (1895-1961), membre du KPD, écrivit quelques mois après le putsch une analyse aiguë des événements qui s'étaient déroulés et de la façon dont les ouvriers envisageaient l'avenir :

« Le putsch de Kapp développa de nouveaux élans dans le parti indépendant. […] avec von Lüttwitz, von Seeckt, Ehrhardt, les ouvriers s'étaient convaincus que ces gens-là ne seraient pas désarmés par de belles formules. Ils avaient perdu tout espoir de voir le gouvernement social-démocrate agir contre le réarmement, public et caché, de la restauration. Le sentiment dominant chez eux, en ce printemps 1920, était : « Nous avons besoin d'une organisation qui puisse lutter contre les corps-francs supérieurement organisés et leurs alliés de l'armée[214]. »

Au cours du putsch de Kapp, le capitaine Karl Mayr[215] (1883-1945), envoya Adolf Hitler et Dietrich

213 Ruth Fischer, de son vrai nom Elfriede Eisler, était la fille du professeur viennois Rudolf Eisler (1873-1926). Philosophe et économiste, elle adhéra au SPD en 1914, puis elle en fut écartée et rejoignit alors le KPD.

214 Ruth FISCHER, *Stalin and German Communism. A Study in the Origins of the State Party*, Cambridge, Mass 1948, p.134.

215 Karl Mayr avait choisi Hitler pour œuvrer au sein du *Bayerisches Reichswehrgruppenkommando* 4 (*Gruko*) qui se trouva chargé notamment de procéder à l'endoctrinement des troupes via une implacable propagande nationaliste et anti-bolchevique ainsi que d'une surveillance active des éléments déviants. Plus tard, Mayr

Eckart à Berlin afin d'informer Kapp de l'évolution de la situation en Bavière[216]. Mais, les deux envoyés spéciaux de Mayr arrivèrent dans la capitale alors que le putsch avait déjà échoué. Ensuite, Mayr écrivit à Kapp, alors en exil en Suède, pour lui décrire la vue qu'il avait de la situation générale du pays. Il profita de cette missive pour glisser quelques mots sur Hitler en qui il plaçait beaucoup d'espoir :

> « Le parti ouvrier national doit être l'assise de la puissante force d'assaut (*Stoβtrupp*) que nous espérons. Le programme est encore un peu maladroit et peut-être aussi incomplet. Il nous faudra l'étoffer. Une seule chose est certaine: sous cet étendard, nous avons déjà rallié un bon nombre de partisans. Depuis juillet dernier, j'ai veillé [...] à renforcer le mouvement [...] J'ai mis en place des jeunes gens très capables. Un certain Herr Hitler, par exemple, est devenu une cheville ouvrière, un orateur populaire (*Volksredner*) de premier ordre. Dans la section munichoise, nous avons plus de deux mille adhérents, contre moins de cent l'été 1919[217]. »

Mayr rencontra deux fois Kapp, dont une fois avec Eckart, en tant qu'agent de liaison avec les généraux Walther von Lüttwitz et Martin von Oldershausen (1865-1924). Mayr était l'un des plus fervents promoteurs en Bavière des vues politiques de Kapp.

---

devint un farouche détracteur de Hitler.

216 Ian KERSHAW, *Hitler*, *opus cit.*, p.240.

217 Dirk STEGMANN, *Zwischen Repression und Manipulation: Konservative Machteliten und Arbeiter- und Angestelltenbewegung 1910-1918. Ein Beitrag zur Vorgeschichte der DAP/NSDAP,* Archiv für Sozialgeschichte, 12, 1972.

Le putsch de l'*Orgesch*

Après les événements liés à l'établissement de la République des Conseils de Bavière et des multiples soubresauts qui suivirent, le *Landtag* de Bavière, élu le 12 janvier 1919 et dont les travaux avaient été ajournés en avril, reprit ses activités début mai. Le gouvernement de Johannes Hoffmann réinvestit Munich. A partir du 14 août, la nouvelle Constitution de l'État libre de Bavière[218] (*Verfassungsurkunde des Freistaats Bayern vom 14. August 1919*), dite Constitution de Bamberg, fut votée. Le ministre-président était élu par le *Landtag* qui avait la possibilité de le destituer ainsi que ses ministres par l'adoption d'un vote de défiance. Les pouvoirs attribués au *Landtag* lui permettaient également de décider du vote des lois ainsi que celui du budget. En juin 1919 se déroulèrent les premières élections municipales postérieures à la République des Conseils. Le résultat se traduisit par la progression de l'USPD[219] (*Unabhängige Sozialdemokratische Partei Deutschlands*) et du BVP[220] (*Bayerische Volkspartei*) et par un recul sensible de la SPD. Johannes Hoffmann panacha son gouvernement de quelques représentants du BVP et du Parti démocratique formant ainsi la « coalition de Bamberg[221] » dans la pure inspiration de la coalition en place à Berlin. Mais,

---

218 Cette charte constitutionnelle fut adoptée le 11 août et promulguée le 14 août à Bamberg où le Gouvernement s'était installé provisoirement. Le texte de cette constitution est disponible, en allemand, sur le site *Verfassungen der Welt*.

219 Parti social-démocrate indépendant d'Allemagne fondé en 1917 par les exclus du SPD.

220 Parti populaire bavarois fondé en novembre 1918 à la suite d'une scission au sein du *Zentrum* (Centre catholique).

221 Ville située en Franconie.

le climat était loin d'être serein en Bavière entre les agitations menées par les corps francs, les groupes d'extrême gauche, les milices d'habitants (*Einwohnerwehr*) commandées par Georg Escherich (1870-1941), capitaine et conseiller des eaux et forêts[222], et les unités mobiles (*mobile Wehren*).

Le 14 mars 1920, le lendemain du putsch de Kapp à Berlin, une tentative similaire se déroula à Munich. Les milices d'habitants de Georg Escherich accompagnées par Arnold von Möhl le commandant de la *Reichswehr* en Bavière[223] poussèrent le gouvernement Hoffmann à la démission dans « l'intérêt du maintien de la paix et de l'ordre[224] » . Le pouvoir tomba entre les mains de Gustav von Kahr[225] (1862-1934), haut fonctionnaire monarchiste proche du BVP, des milices d'habitants et du général Arnold von Möhl[226] et homme « à l'ombre duquel toutes les organisations nationales vont pouvoir travailler en toute tranquillité[227]. » Ce putsch, dit putsch de l'*Orgesch* (**Org**anisation **Esch**erich), fut le seul en Allemagne qui parvint à atteindre ses objectifs et à consolider son succès obtenu par la force. Le 16 mars, après avoir suspendu les

---

222 Thierry FERAL, *Le national-socialisme*, Paris, Ellipses 1999, p.57.

223 Groupe IV de la *Reichswehr.*

224 Heinrich A. WINKLER, *Histoire de l'Allemagne*, *Opus cit.*, p.349.

225 Gustav Ritter von Kahr avait fait des études de droit et devint un avocat de premier ordre avant de se lancer pleinement dans la politique. Il fut assassiné à Dachau par les nazis, après avoir été torturé, lors de la fameuse Nuit des longs couteaux du 30 juin 1934.

226 Stephan DEUTINGER, *Gustav von Kahr. Regierungspräsident von Oberbayern 1917-1924*, München 2005.

227 J.P. FAYE, *Langages totalitaires*, Hermann 1972, p.31 cité par Thierry FERAL, *Le national-socialisme*, *opus cit.*, p.57.

journaux socialistes et communistes et perquisitionné les locaux du SPD, Gustav von Kahr se fit désigner ministre-président par le *Landtag* qui rendit ainsi légal l'action de force des militaires. Cette élection fut arrachée à une seule voix de majorité[228]. Le gouvernement changea de composition et fit la part belle à la droite. La NSDAP de Hitler soutint provisoirement ce changement au sommet de la Bavière. Mais, en réalité, Hitler qui « pense en termes de *Reich* est opposé à la politique régionalo-séparatiste de Kahr qui souhaite lui la formation d'une union allemande indépendante de Berlin[229] ». Les élections de juin confirmèrent la poussée à droite de la Bavière puisque le SPD perdit de nombreuses voix et n'obtint que 25 sièges au lieu de 61 précédemment. Cependant, l'USPD faisait bonne figure en obtenant 20 sièges au lieu de 3 auparavant. Néanmoins, la gauche, avec l'appui d'autres petits partis totalisait seulement dans son ensemble 37,2% des voix. Pour les partis de droite, le BVP était le principal gagnant du scrutin avec 39,4% des voix et 78 sièges. D'autres partis de droite complétaient ce bon score comme la Fédération des paysans de Bavière et ses 7,9% des voix et 13 sièges ou encore le DDP (*Deutsche Demokratische Partei*) avec ses 8,1% des voix et 13 sièges.

Une importante décision vint encore attiser davantage la défiance bavaroise à l'égard de Berlin en septembre 1921. En effet, malgré l'opposition de Gustav von Kahr et de ses amis monarchistes et nationalistes, il fallut procéder à la dissolution de l'*Einwohnerwehr* bavaroise forte de 400 000 hommes qui se dressait contre

228 Heinrich A. WINKLER, *Histoire de l'Allemagne*, *Opus cit.*, p.349.

229 Thierry FERAL, *Le national-socialisme : approche didactique,* Paris, Ellipses, 1999, p.31.

toute menace socialiste ou bolchevique. Sous la pression de Berlin, Kahr démissionna de son poste le 11 septembre. Il fut remplacé alors par le comte Hugo Lerchenfeld[230] (1871-1944)qui instaura un régime plus modéré. L'attitude conciliante de Kahr envers les groupes paramilitaires et les éléments réactionnaires lui fut fatale[231].

Le soulèvement de Duisbourg

Le ministre de l'Intérieur Carl Wilhelm Severing[232] (1875-1952) négocia le 24 mars 1920 « l'accord de Bielefeld » qui stipulait que toutes les armes devaient être déposées et placées sous le contrôle des conseils exécutifs et des autorités communales. Mais certains groupes d'extrême-gauche, dans la Ruhr notamment, refusèrent de se soumettre à cet accord. Les soubresauts qui agitaient Duisbourg achevèrent de convaincre le gouvernement du *Reich* de décider une intervention forte et rapide alors que les corps francs se faisaient également très menaçants. Des unités qui avaient quelques jours auparavant apporté leur soutien au putsch de Wolfgang Kapp et Walther von Lüttwitz furent employées à Duisbourg par les autorités pour mater le soulèvement. De très violents affrontements secouèrent la ville entre le 30 mars et le 4 avril. Il est difficile d'établir avec une précision absolue le nombre de morts qui jonchèrent les rues, mais il est convenable

---

230 Neveu de l'ancien représentant de la Bavière à Berlin.

231 Stephan DEUTINGER, *Gustav von Kahr. Regierungspräsident von Oberbayern 1917-1924*, München 2005.

232 Thomas ALEXANDER, *Carl Severing. Sozialdemokrat aus Westfalen mit preussischen Tugenden.* Westfalen-Verlag, Bielefeld 1992.

d'avancer que plus de 1000 mineurs furent tués[233] dans l'ensemble de la Ruhr au cours de ces événements tragiques du printemps 1920. En ce qui concerne la *Reichswehr*, le bilan officiel était quant à lui de 208 morts et 124 disparus[234]. La police déplorait pour sa part la perte de 41 hommes[235]. Les événements qui embrasèrent la Ruhr furent les ultimes mouvements prolétariens de masse.

L'insurrection communiste avortée de 1923

Le 11 janvier 1923, se servant du prétexte de l'absence de livraison par l'Allemagne de bois et de poteaux télégraphiques, et après avoir fait constater ce manquement par la Commission chargée des réparations, la France décida de passer de la parole aux actes et procéda à l'occupation militaire de la Ruhr. Raymond Poincaré (1860-1934) bénéficia à cette occasion du soutien du Parlement français ainsi que de l'appui des autorités belges qui envoyèrent également des troupes pour occuper la Ruhr. Cette occupation visait notamment les unités de production de charbon, d'acier et de fer. L'attitude française provoqua des poussées nationalistes.

Les Allemands ne demeurèrent pas sans réagir à l'action conjointe de la France et de la Belgique sur son sol et le gouvernement décida le 13 janvier 1923 l'instauration d'une « résistance passive ». Cette résistance passive allemande se solda par des grèves, notamment

233 Heinrich A. WINKLER, *Histoire de l'Allemagne*, *opus cit.*, p. 349.
234 *Ibid.*
235 *Ibid.*

dans le secteur des chemins de fer ce qui plaça la France dans l'obligation d'utiliser du personnel français en remplacement. Un cordon douanier encercla la Ruhr, la séparant ainsi du reste du pays qui fut bientôt économiquement asphyxié. De très nombreux incidents, affrontements, sabotages se déroulèrent tout au long de cette occupation. Ainsi, le 31 mars 1923, des soldats français ouvrirent le feu sur des ouvriers allemands de l'usine Krupp d'Essen laissant 13 morts sur la chaussée et 41 blessés dans les hôpitaux. Au total, la résistance passive se solda par 132 morts, 11 condamnés à mort (1 exécuté), cinq condamnations à des peines de prison à perpétuité, 150 000 expulsés du bassin de la Ruhr et des dommages économiques estimés à 4 milliards de marks[236].

Afin de couvrir cette résistance passive, l'Allemagne dépensa environ 3,5 milliards de marks. L'inflation s'envola comme jamais, le chômage, compte tenu du manque de matières premières bloquées dans la Ruhr, connut un essor foudroyant et une instabilité politique aiguë se fit jour. Face à cette situation devenue intenable, Wilhelm Cuno[237] (1876-1933), l'instigateur de la « résistance passive », présenta sa démission de son poste de chancelier le 12 août 1923, un peu plus de 8 mois après sa prise de fonction. Il fut remplacé par Gustav Stresemann[238] (1878-1929) du DVP (*Deutsche Volks-*

---

236 Cuno HORKENBACH, dir., *Das Deutsche Reich von 1918 bis heute*, Presse und Wirtschafts Verlag, Berlin 1930, p.175.

237 Wilhelm Cuno était un économiste de grande valeur qui était aussi président de la compagnie maritime Hambourg-Amérique (HAPAG). Sa politique fut boudée par le SPD et il trouva ses principaux soutiens auprès du *Zentrum* et du DVP.

238 Gustav Stresemann, économiste, fut élu au *Reichstag* de 1906 à 1918 et en devint même le président à la suite de Bassermann. Il fonda

partei). En raison des très lourdes difficultés économiques devenues absolument insolubles, Gustav Stresemann décida de mettre fin le 26 septembre 1923 à la résistance passive et d'honorer les dettes de l'Allemagne envers la France. A l'occasion de ce changement politique de très nombreux remous secouèrent alors l'Allemagne. L'état d'urgence fut proclamé. Des attentats furent perpétrés contre les troupes d'occupation. Le 15 octobre 1923, le gouvernement allemand décida de la création du *Rentenmark* qui, peu à peu, ramena la confiance des milieux financiers et il prit également des mesures déflationnistes sévères : réduction du nombre de fonctionnaires, augmentation des impôts, réduction du niveau des allocations chômages et de diverses subventions. La précarité des classes les plus défavorisées s'en trouva accentuée. Des mesures de lutte contre la spéculation furent d'autre part décidées.

Au cœur de cette situation compliquée et difficile, les communistes jouèrent un rôle important en participant et en structurant les grèves et les actions des ouvriers. Depuis le congrès de Leipzig en janvier 1923, le KPD était dirigé par la tendance de « droite » favorable à un front unique avec le SPD. Le KPD avait gagné beaucoup d'adhérents et ses positions au niveau syndical étaient

le DVP (*Deutsche Volkspartei*) en 1918. Fin diplomate et grand rhétoricien, il prit des décisions difficiles et parfois contestées. Il fut sans doute le démocrate le plus influent en Allemagne entre les deux guerres. Il cumulait les fonctions de chancelier et de ministre des Affaires étrangères. Jonathan WRIGHT, *Gustav Stresemann 1878–1929. Weimars größter Staatsmann.* München 2006, Georg ARNOLD, *Gustav Stresemann und die Problematik der deutschen Ostgrenzen.* Frankfurt am Main 2000, Manfred BERG, *Gustav Stresemann. Eine politische Karriere zwischen Reich und Republik.* Göttingen/Zürich 1992.

fortes, principalement dans la métallurgie à Berlin[239]. En octobre 1923, jugeant la situation favorable, le *Komintern*[240] choisit d'engager le mouvement révolutionnaire qui devait conduire les communistes au pouvoir, malgré les hésitations du KPD qui pour sa part ne jugeait pas la situation assez mûre pour passer à l'offensive. Lénine (1870-1924) considérait l'Allemagne comme la clé de voûte de la révolution mondiale[241]. Des premières actions furent engagées en Saxe et en Thuringe où les communistes formèrent un gouvernement ouvrier avec les sociaux-démocrates de gauche suite aux élections régionales qui permirent pour la première fois au SPD et au KPD d'avoir la majorité absolue si les deux partis mettaient leurs voix en commun. Sous couvert de

---

239 Alfred WAHL, *L'Allemagne de 1918 à 1945*, Paris, Armand Colin 2004, p.36.

240 Le *Komintern* ou l'Internationale communiste ou Troisième Internationale, était né d'une scission de l'Internationale ouvrière, scission réalisée le 2 mars 1919 à Moscou sous l'impulsion de Lénine et des bolcheviks: l'Internationale communiste regroupa les partis communistes qui avaient rompu avec les partis socialistes de la IIe Internationale. La Troisième Internationale était dirigée par le Parti communiste de l'Union soviétique, bien que ce dernier entretînt toujours la fiction qu'il n'en était qu'une section parmi d'autres. Elle était théoriquement sans rapport avec l'État soviétique, bien qu'elle fût de plus en plus mise par Staline au service des intérêts de ce dernier. Si les directives étaient élaborées à Moscou, la plaque tournante du *Komintern* était Berlin jusqu'à l'avènement de Hitler en 1933, puis Paris. Maurice ANDREU, *L'Internationale communiste contre le capital, 1919-1924*, Paris, PUF, Coll. « Actuel Marx », 2003, Pierre BROUE, *Histoire de l'Internationale communiste, 1919-1943*, Paris, Fayard, 1997, Pascal DELWIT, Jean-Michel de WAELE, José GOTOVICH, *L'Europe des communistes*, Bruxelles, Complexe, 1992, Pierre FRANK, *Histoire de l'Internationale communiste, 1919-1943*, Paris, Éd. La Brèche, 1979

241 Philippe BOUCHET: *La République de Weimar,* Paris, Ellipses, 1999, p.44.

combattre le danger de l'extrême-droite venu de Bavière, le KPD obtint donc le 10 octobre de siéger dans le gouvernement de Erich Zeigner[242](1886-1961). Un accord similaire se fit en Thuringe le 12 octobre.

En réaction à ces accords, le gouvernement central prépara la *Reichswehr* à une intervention. Depuis le 26 septembre, la *Reichswehr* détenait les pleins pouvoirs. Ce même jour, en vertu de l'état de siège, le général von Seeckt annonça l'interdiction de toute grève à Berlin[243]. Le KPD lança alors un appel à la grève générale, mais il ne fut pas suivi par les sociaux-démocrates de gauche qui s'y opposèrent fermement. Les syndicats boudèrent également le mot d'ordre des communistes.

Emil Höllein[244] (1880-1929), dirigeant communiste, annonça avec gravité :

---

242 Erich Zeigner était issu d'une famille bourgeoise. Il fit des études de droit, devint juge suppléant en 1908, participa à la guerre de 14-18, puis accéda au poste prestigieux de président de tribunal. Il adhéra au SPD en 1919 et s'imposa comme le chef de file de la gauche en Saxe. Ministre-président de Saxe en avril 1923, il permit l'entrée de communistes dans le gouvernement. Il fut emprisonné suite à l'intervention de la *Reichswehr*. Il reprit après son procès ses activités de magistrat. Il fut révoqué par les nazis en 1933 et travailla alors comme comptable. Après la fin de la Deuxième Guerre mondiale il devint Bourgmestre de Leipzig. Michael RUDLOFF, *Erich Zeigner. Bildungsbürger und Sozialdemokrat,* FES, Leipzig 1999.

243 O.K. FLECHTHEIM, *Le Parti communiste allemand sous Weimar*, Paris, François Maspero 1972.

244 Emil Höllein, fils d'ouvrier, était outilleur. Il participa à la guerre de 14-18, sur le front de 1915 à 1918. Il adhéra à l'USPD en 1917 et devint ensuite rédacteur en chef de son quotidien à Iéna. Il intégra le KPD en 1920 et fut élu à la centrale suite à la démission de Paul Levi. Andreas HERBST, *Deutsche Kommunisten. Biographisches Handbuch 1918 bis 1945*. Karl Dietz Verlag, Berlin 2004, S. 318.

« Le prolétariat de Saxe, de Thuringe, et d'Allemagne centrale est gravement, sinon mortellement menacé ; l'immensité du danger peut provoquer à chaque instant le déclenchement spontané d'une grande bataille révolutionnaire. Il dépendra de l'élargissement et de la généralisation de cette bataille que la révolution allemande soit ou vaincue ou victorieuse[245]. »

Au bout du compte, les communistes annulèrent l'ordre d'insurrection. Le 27 septembre, après un conseil des ministres agité, le chancelier Gustav Stresemann obtint de lancer un ultimatum à Zeigner :

« L'esprit de rébellion et de violence manifesté par le parti communiste a été démontré par les déclarations que le chef de votre chancellerie d'État, monsieur le directeur ministériel [*Herr Ministerialdirektor*] a faites à Chemnitz le 21 octobre, dans lesquelles il a publiquement appelé à une opposition ouverte à la *Reichswehr* [...] Au nom du gouvernement fédéral, je vous demande donc de prendre des dispositions pour la démission du gouvernement de l'État saxon, dans la mesure où, compte tenu des événements récents, la participation de membres communistes est devenue incompatible avec les dispositions constitutionnelles[246]. »

Devant le refus de Erich Zeigner de céder aux injonctions du chancelier Stresemann et du général von Seeckt, la *Reichswehr* entra en Saxe le 23 octobre afin de mettre fin par la force aux initiatives du gouvernement

---

245 Pierre BROUE, *Révolution en Allemagne 1917-1923*, *opus cit.*, p.764.

246 Gustav STRESEMANN, *Vermächtnis*. Der Nachlass in drei Bänden, édité par H. Bernhard, volI, Vom Ruhrkrieg bis London, Berlin 1932, I pp. 186-187..

Zeigner. Ensuite, les communistes furent chassés de leurs ministères.

En Thuringe, les ministres du KPD préférèrent quitter d'eux-mêmes le gouvernement. Finalement, Rudolf Heinze (1865-1928), juriste populiste et membre du DVP remplaça Zeigner avec le titre de commissaire du *Reich*. L'unique tentative concrète de putsch communiste se déroula à Hambourg où, le 25 octobre, après trois jours d'affrontements violents la police reprit la ville aux insurgés[247].

Le 2 novembre 1923, suite aux agitations de Saxe et Thuringe cumulées à la non-intervention en Bavière, le SPD claqua la porte du gouvernement du *Reich*[248]. Cet échec communiste d'octobre 1923 fut un moment décisif. L'année suivante, la situation avait complètement changé et le plan Dawes[249] vint stabiliser la situation économique.

---

247 Heinrich A. WINKLER, *Histoire de l'Allemagne au 19e et 20e siècle: le long chemin vers l'occident, opus cit.*, p.372.

248 Alfred WAHL, *L'Allemagne de 1918 à 1945*, *opus cit.*, p.36.

249 Plan élaboré par l'économiste américain Charles Gates Dawes et accepté par le *Reichstag* le 30 août 1924. Ce plan était destiné à résoudre d'une façon pratique le problème des réparations financières dues par l'Allemagne à la suite du Traité de Versailles. Le plan Dawes prévoyait que l'Allemagne poursuivrait ses paiements mais uniquement dans la mesure de ses moyens économiques, le tout sous le contrôle d'un Agent général. Les principales mesures du plan étaient les suivantes: règlement des obligations financières allemandes: le *Reich* paierait des annuités passant de 1, 2 milliard de marks-or en 1925 à 2,5 milliards à partir de 1929 ; un emprunt international, servant à la reconstruction des territoires sinistrés de France et de Belgique et au paiement des dettes interalliés aux Etats-Unis fut lancé (800 millions de *Reichsmarks* à 8% d'intérêt) ; la *Reichsbank* fut réorganisée afin de mettre en place le Reichsmark en remplacement du *Rentenmark*, sous le contrôle de commissaires étrangers,

L'écrivain Victor Serge[250](1890-1947), alias R. Albert, raconta de quelle façon les militants communistes allemands encaissèrent cette insurrection manquée :

« On vient de vivre en Allemagne, en septembre, octobre et novembre, une profonde expérience révolutionnaire, encore peu connue et souvent pas comprise. Nous avons été au seuil d'une révolution. La veillée d'armes a été longue, l'heure H n'a pas sonné… Drame silencieux, presque invraisemblable. Un million de révolutionnaires, prêts, attendant le signal pour monter à l'assaut : derrière eux, des millions de sans-travail, d'affamés, de meurtris, de désespérés, tout un peuple douloureux murmurant : « Nous aussi ! Nous aussi ! » Les muscles de cette foule déjà prêts, les poings déjà serrés sur les *mausers*[251]qu'on allait opposer aux autos blindées de la *Reichswehr*… Et rien ne s'est passé […] la jubilation d'une social-démocratie banqueroutière sortie de l'aventure massive et passive, pesamment fidèle à ses vieux reniements[252]. »

établissement d'un système de garanties par des prélèvements sur des rentrées fiscales provenant de la vente du sucre, de l'alcool, du tabac... Charles Gates Dawes reçut le Prix Nobel de la Paix en 1925.

250 Victor Serge, de son vrai nom Viktor Lvovitch Kibaltchitch, était un révolutionnaire et écrivain francophone, né en Belgique de parents russes émigrés politiques. A cette époque, Victor Serge était collaborateur à Berlin d'*INPREKORR* (service de presse de l'Internationale communiste). Jean-Luc SAHAGIAN, *Victor Serge, l'homme double. Histoire d'un XXème siècle échoué*, Libertalia 2011, Susan WEISSMANN, *Dissident dans la révolution : Victor Serge, une biographie politique*, Syllepse, 2006.

251 La *Mauser Waffenfabrik*, couramment appelée *Mauser*, est une entreprise allemande de fabrication d'armes, installée à Oberndorf am Neckar. Le nom complet de l'entreprise est aujourd'hui *Mauser-Werke Oberndorf Waffensysteme GmbH*. Jean HUON, *Histoire des pistolets Mauser*, Paris, Crépin-Leblond 2009.

252 R. Albert, « *Cinquante jours de veillée d'armes* », Clarté n°52, 1er février 1924, p.66.

La *Reichswehr* noire

Depuis 1920, le commandant de réserve de la *Reichswehr* Bruno Ernst Buchrucker (1878-1966), officier depuis 1909, mit en place à l'insu du gouvernement, des sessions de formation pour des hommes qui ne faisaient pas partie de l'armée régulière allemande: des corps-francs et des groupes d'étudiants[253]. En 1923, la *Reichswehr* noire[254] (*Schwarze Reichswehr*) comptait environ 20 000 hommes. Bruno Ernst Buchrucker envisagea alors en octobre 1923 de marcher sur les traces de Wolfgang Kapp et de monter un putsch en marchant sur Berlin. Mais, sa tentative échoua. En effet, Buchrucker se heurta à l'armée régulière qui détenait le pouvoir depuis le 26 septembre 1923 en raison de l'état de siège. Il se retrouva enfermé dans la forteresse de Spandau avec ses troupes et, finalement, il décida de se rendre le 6 octobre 1923. Néanmoins, l'action de Buchrucker déclencha des vagues révolutionnaires à Hambourg, en Saxe et en Thuringe, dont la police se rendit maîtresse au bout de quelques jours. Buchrucker fut jugé et condamné à 10 ans de forteresse, mais n'en effectua que quatre. Le président Paul von Hindenburg[255] (1847-1934) l'amnistia en 1927[256].

---

253 Karl Dietrich BRACHER, *Hitler et la dictature allemande*, Bruxelles, Complexe 1995, p.160.

254 Bernhard SAUER, *Schwarze Reichswehr und Fememorde. Eine Milieustudie zum Rechtsradikalismus in der Weimarer Republik, Berlin,* Metropol-Verlag, 2004.

255 Wolfram PYTA, *Hindenburg. Herrschaft zwischen Hohenzollern und Hitler.* Siedler, München, 2007, Werner MASER, *Hindenburg. Eine politische Biographie.* Moewig, Rastatt 1989.

256 Bruno Ernst Buchrucker publia après cette amnistie ses mémoires en 1928: *In Sachen Seeckts*.

Les groupes et organisations paramilitaires qui bénéficièrent de l'instruction militaire de Buchrucker, dont les objectifs étaient de contourner les restrictions du Traité de Versailles furent notamment la SA, le « Casque d'acier », les milices d'habitants, l'organisation Escherich, et bien d'autres ligues factieuses[257].

Theodor Endres, lieutenant-colonel et 1er officier de l'état-major général sous la responsabilité de Otto von Lossow, au *Wehrkreiskommando* VII, relata dans ses mémoires pour la période de 1923 que certains officiers se montraient très proches du parti hitlérien et n'hésitait pas à s'astreindre à des heures supplémentaires afin d'assurer une formation convenable aux groupes paramilitaires nationalistes et à parfaire tous les aspects de leurs entraînements.

Les assassinats politiques

Cette période de l'histoire de l'Allemagne fut également marquée par de très nombreux assassinats politiques pour la plupart d'entre eux perpétrés par l'extrême-droite. Des groupuscules clandestins assassinèrent des politiciens de gauche dénoncés comme « traîtres à la patrie », mais aussi des pacifistes, des humanistes etc. Le député Karl Gareis (1889-1921) membre de l'USPD fut abattu à Munich le 21 juin 1921[258].

---

257 Bernhard SAUER, *Schwarze Reichswehr und Fememorde. Eine Milieustudie zum Rechtsradikalismus in der Weimarer Republik. opus cit.*

258 Ulrike Claudia HOFMANN, *Der Tod von Karl Gareis. Fememorde in Bayern in den zwanziger Jahren.* In Oberbayerisches Archiv, Band 126, München 2002.

Des personnalités de tout premier plan furent également la cible de l'extrême-droite. Ainsi, l'emblématique ministre Mathias Erzberger (1875-1921), député du *Zentrum* (Centre catholique) fut abattu le 26 avril 1921 par l'Organisation Consul en raison de son rôle dans la signature de l'armistice et l'acceptation du Traité de Versailles. D'autre assassinats suivirent comme celui du ministre des Affaires étrangères du *Reich*, Walter Rathenau, qui fut tué le 24 juin 1922 par la même Organisation Consul[259]. Cette organisation clandestine fut créée suite à la dissolution officielle de la Brigade Ehrhardt et bénéficia de l'aide des autorités bavaroises, comme lorsqu'en 1920 le préfet de police Ernst Pöhner permit à Ehrhardt de s'installer au 3 de la Franz-Josephstrasse à Munich[260], d'où furent décidés de nombreux assassinats politiques et la mise en place d'un vaste réseau à travers toute l'Allemagne. L'extrême-droite allemande se rendit coupable de 354 assassinats politiques entre janvier 1919 et juillet 1922[261]. Un très faible pourcentage de ces assassinats fut puni par la justice puisque 24 condamnations furent seulement décidées. Des assassinats politiques furent également perpétrés par des hommes ou des groupes issus de la gauche, mais ils furent peu nombreux en comparaison des assassinats perpétrés par l'extrême-droite (selon Kershaw, 22)[262].

259 Martin SABROW, *Der Rathenaumord. Rekonstruktion einer Verschwörung gegen die Republik von Weimar*, München, Oldenbourg 1994.

260 Henry BOGDAN, *Histoire de la Bavière*, *opus cit.*, p.271.

261 Ian KERSHAW, *Hitler*, *opus cit.*, p.263.

262 *Ibid*, p.914.

Les corps-francs

Ces unités paramilitaires étaient composées par des militaires, des patriotes, des aventuriers réactionnaires, des déclassés, des marginaux, des chômeurs. Tous ces hommes étaient assurés de bénéficier d'une bonne solde ainsi que d'une nourriture en quantité suffisante.

Dans *Les Réprouvés*[263] (*Die Geächteten,* 1930) Ernst von Salomon[264](1902-1972) a parfaitement illustré l'état d'esprit des hommes qui composaient les corps-francs, ces unités, dont il fit partie, très impliquées dans les actions de sédition sous la République de Weimar. Issu d'une famille huguenote, Ernst von Salomon s'engagea dès 1918 à la sortie de l'École militaire dans les corps francs qui combattirent en Haute-Silésie et dans les pays baltes pour écraser la révolution rouge. Il participa également au putsch de Kapp au sein de la brigade Ehrhardt. Lorsque les corps-francs furent dissous, il rejoignit l'Organisation Consul dans la clandestinité. En 1922, il fut condamné à cinq ans de réclusion (il était encore mineur au moment des faits) pour sa participation à l'assassinat du ministre des Affaires étrangères Walther Rathenau. Il fut libéré en 1927. Dans *Les Réprouvés*, il décrit ces mouvements en perpétuelle rébellion contre le gouvernement issu de la défaite, confrontés au vide et au nihilisme lors des premières années de la République de Weimar. Il signe là le témoignage saisissant d'une génération perdue dans le chaos de l'histoire :

263 Ernst von SALOMON, *Les Réprouvés*, Paris, Bartillat 2007.
264 Markus Josef KLEIN, *Ernst von Salomon. Revolutionär ohne Utopie*, Brienna Verlag, 2002.

« […] Peu à peu quelque vingt hommes se retrouvèrent réunis. Ceux-là se reconnaissaient entre eux à un regard, un mot, un sourire ; ceux-là savaient qu'ils appartenaient à la même famille. Mais ils n'étaient pas fidèles au gouvernement […] C'est qu'ils ne pouvaient respecter l'homme et le commandement auxquels ils avaient obéi jusqu'à présent, auxquels ils obéissaient encore, et l'ordre social qu'ils devaient aider à créer leur semblait dépourvu de tout sens.

Ils constituaient des foyers de trouble dans leurs compagnies ; la guerre habitait encore en eux. C'est elle qui les avait formés ; elle avait fait jaillir leurs plus secrets penchants comme des étincelles, elle avait donné un sens à leur vie et sanctifié leur enjeu. Ils étaient des revêches, des indomptés, des hommes rejetés du monde des normes bourgeoises, des dispersés qui à présent se rassemblaient par petites bandes pour chercher leur front de combat. Il ne manquaient certes pas de drapeaux autour desquels ils pouvaient se rallier. […] Ils avaient reconnu la grande duperie de cette paix et ils ne voulaient pas participer à ce confortable ordre social qu'on leur vantait en termes mielleux. Ils étaient restés sous les armes, obéissant à un instinct infaillible. […] Ils traversaient le pays de-ci de-là parce que les horizons lointains leur apportaient sans cesse de nouveaux et dangereux souffles […] Et cependant chacun d'eux cherchait quelque chose d'autre, et donnait à ses recherches d'autres raisons ; on ne leur avait pas encore passé le Mot. Ils le pressentaient ce mot et même ils le prononçaient et ils avaient honte de l'entendre sonner comme une monnaie usée, et ils le tournaient et le retournaient, pleins d'une angoisse secrète et ils le bannissaient du cours de leurs mille conversations et malgré cela il ne cessait de planer sur eux. Enveloppé de ténèbres compactes il était là debout, ce mot, rongé par l'usure des siècles, enchanteur, plein de mystère, rayonnant de force magique ; on le sentait et pourtant on ne le reconnaissait pas, on l'aimait et pourtant on ne le prononçait pas. Ce mot c'était : Allemagne. »

II

LE PUTSCH DE LA BRASSERIE

En signe de protestation contre la loi d'exception de juillet 1922, loi pour la protection de la République, qui permettait aux autorités de dissoudre les associations nationalistes et de restreindre leurs moyens d'expression (presse, manifestations), se tint le 16 août 1922 sur la Königsplatz à Munich une vaste et impressionnante manifestation qui regroupa plus de 50 000 personnes[265] et à laquelle participèrent les dirigeants de nombreux groupes nationalistes dans le cadre des *Vereinigte Vaterländische Verbände Bayerns* (Associations patriotiques unies de Bavière). Adolf Hitler y prononça à cette occasion un discours très remarqué et la SA (*Sturmabteilung*) fit une nouvelle fois étalage de sa force. Après la mise en fuite de Kapp à Berlin et la réussite du putsch de l'*Orgesch* à Munich, dans lequel Hitler et ses amis avaient joué un rôle non négligeable, la capitale bavaroise s'était transformée en bastion du fascisme allemand[266].

Hitler fit encore forte impression les 14 et 15 octobre 1922 à Cobourg, sur la frontière de la Thuringe au nord de la Haute-Franconie (*Oberfranken*), au cours de la Journée allemande (*Deutscher Tag*). C'était sur l'invitation du *Deutschervölkischer Schutz-und Trutzbund*[267] (Alliance Nationaliste Allemande de Protection et de Défense) qu'Hitler s'était déplacé avec un

265 Henry BOGDAN, *Histoire de la Bavière*, *opus cit.*, p.272.

266 Thierry FERAL, *Culture et dégénérescence en Allemagne*, Paris, L'Harmattan 1999.

267 En raison de son implication dans l'assassinat de Walter Rathenau, cette organisation était interdite en Allemagne à l'exception notable de la Bavière, de l'Anhalt ainsi que du Mecklembourg-Strelitz.

train spécial rempli par plus de 800 membres de la SA[268]. Des violences se déroulèrent entre des groupes d'ouvriers et les membres de la SA qui accompagnaient Hitler[269]. Ces échauffourées semèrent de graves troubles dans la ville et de nombreux dégâts furent déplorés.

La NSDAP (*Nationalsozialistische deutsche Arbeiterpartei)* bénéficiait à cette époque d'un apport de fonds assez important qui venait de sympathisants aisés et influents de la bourgeoisie, comme Gertrud von Seidlitz ou encore le Docteur Emil Ganβer (1874-1941) qui parvint à obtenir 30 000 francs auprès de bienfaiteurs suisses. Le soutien marqué de puissants industriels[270] comme Ernst von Borsig, Paul Daimler[271] (1869-1945), Emil Kirdorf (1847-1938), Hugo Stinnes (1870-1924) ou Fritz Thyssen (1873-1951) permit également au parti nazi de vivre confortablement.

A la fin novembre 1922, Ernst Röhm (1887-1934), officier qui participa à la répression des mouvements socialistes en 1919 et se trouvait être à la base de la fondation de la SA[272], fut affecté au service du général Otto von Lossow[273] (1868-1938), nouvellement nommé

---

268 Elina KIISKINEN, *Die Deutschnationale Volkspartei in Bayern,* München, Beck 2005.

269 *Ibid.*

270 James et Suzanne POOL, *Hitlers Wegbereiter zur Macht*, München, Moewig 1982.

271 Fils de Gottlieb Daimler (1834-1900) co-inventeur des moteurs à explosion en 1883.

272 Charles BLOCH, *La nuit des longs couteaux: Hitler liquide les siens*, Paris, Julliard 1967.

273 Otto von Lossow s'engagea à vingt ans dans l'armée bavaroise et servit le contingent allemand lors d'une expédition de secours lors de la Révolte des Boxers. Il participa à la Première Guerre mondiale

commandant de la région militaire *Wehrkreis* VII dont la Bavière dépendait[274]. Cette nomination voulue par Berlin avait pour objectif d'empêcher l'armée d'être impliquée dans les affaires politiques bavaroises. Après avoir servi auprès de Franz von Epp (1868-1938), Ernst Röhm, proche d'Hitler à cette époque[275], se voyait ainsi placé dans une position un peu moins favorable.

Lorsque l'invasion française se produisit dans la Ruhr, le 11 janvier 1923, Hitler prononça un vibrant appel à la lutte contre les « criminels de novembre[276] » responsables à ses yeux de la défaite de l'Allemagne. A cette occasion, le Cirque Krone était bondé et une ambiance enflammé y régnait. L'ennemi de l'intérieur était pour Hitler le véritable danger pour les Allemands. Pour lui, l'impuissance de l'Allemagne, l'humiliation qu'elle devait subir de la part des Français, incombait aux marxistes, aux démocrates téléguidés par l'implacable

---

comme chef d'état-major du 2e corps de réserve bavarois avant d'être nommé attaché militaire à Istanbul. Il fut ensuite commandant de l'école d'infanterie de 1920 à 1923.

274 Mathias RÖSCH, *Die Münchner NSDAP. Eine Untersuchung zur inneren Struktur der NSDAP in der Weimarer Republik*, Oldenbourg Wissenschaftverlag, München 2002.

275 Ernst Röhm tomba en disgrâce en 1924 (opposition à la ligue légaliste imposée par le Führer suite à l'échec du putsch) et se retira de la vie politique. Parti en Bolivie comme conseiller militaire en 1929, Hitler le rappela en 1930. Il fut assassiné lors de la fameuse Nuit des longs couteaux en juin 1934. Lire à ce sujet: Charles BLOCH, *La Nuit des longs couteaux: Hitler liquide les siens*, *opus cit.*

276 Hitler employa pour la première fois l'expression « criminels de novembre » en septembre 1922. Cette formule obtint un vif succès et dès lors, à partir de décembre 1922, il l'employa systématiquement. Il désignait bien entendu par cette expression les signataires de l'armistice de novembre 1918 ainsi que tous les révolutionnaires et leurs successeurs.

puissance financière des Juifs et de leurs amis. Le discours d'Hitler dénigra la résistance passive et son calcul fut finalement le bon à moyenne échéance.

Le 19 janvier 1923, Edgar Haniel von Haimhausen (1870-1935), le représentant du *Reich* à Munich, adressa une dépêche au gouvernement de Berlin dans laquelle il faisait le point sur la situation bavaroise et dressait un portrait peu flatteur d'Hitler :

« [...] Les qualités de ce chef [Hitler] tiennent en premier lieu à un talent démagogique marqué et à une éloquence avec laquelle il fascine les masses, bien qu'il ne possède pas de programme conséquent et précis. Selon l'opinion générale, M. Hitler ne possède pas de qualités d'homme d'État d'un ordre élevé et c'est là précisément qu'il faut voir une source de danger ; car il ne serait guère capable de conduire un mouvement dans des chemins définis une fois celui-ci déclenché... Pendant les années 1919 à 1921, le nouveau parti est resté presque sans aucune importance. La détresse économique, toujours croissante, a provoqué un changement qui s'est développé à un rythme toujours plus rapide au cours de l'année 1922. La force d'attraction des partis socialistes allant en diminuant, il se produisit une armée de suiveurs aux rangs toujours plus gros, qui [...] furent les victimes de la démagogie d'Hitler. Des éléments mécontents de la classe ouvrière et de la petite bourgeoisie, qui jadis étaient de fermes partisans de la république des soviets, se groupèrent autour de la croix gammée des nationaux-socialistes. Les étudiants et les officiers de tendance national-bolchévique firent de même. Le nationalisme particulariste bavarois dont le mot d'ordre était: guérir le *Reich* par la Bavière (même si cela devait entraîner une séparation temporaire) fut utilisé habilement par Hitler sur le plan de la propagande. Ainsi s'explique que Séparatistes et Fédéralistes, les ennemis [...] du national-socialisme unitaire, jurent par Hitler. Hitler n'est en vérité ni un unitaire ni un séparatiste, mais un homme de pouvoir, qui essaie de faire en sorte que chaque mouvement apporte de l'eau à son moulin[277]. [...] »

Le 27 janvier 1923, Hitler organisa un grand défilé sur le Champ de mars (*Märzfeld*), dans la banlieue de Munich. Près de 5000 SA s'y rendirent. Parallèlement au défilé, plusieurs meetings politiques nazis se déroulèrent dans le centre ville. Bien qu'interdit par le commissaire de police Eduard Nortz[278] (1868-1939), le défilé fut maintenu grâce à l'action d'Ernst Röhm qui obtint du général Otto von Lossow l'annulation de la décision d'interdiction prise par Nortz. Cette journée fut un succès supplémentaire à l'actif d'Hitler. Le général von Lossow se montrait assez conciliant envers Hitler qui le fréquentait avec une certaine assiduité à cette période[279].

Au début du printemps 1923, Hitler prononça un discours marquant dans lequel il mit en cause en des termes très vifs le gouvernement et sa politique économique et monétaire, franchissant à cette occasion un nouveau pas vers un populisme violent en dénonçant un État escroc et en réclamant une dictature.

Le 25 mars 1923, un contingent d'environ 1300 SA participa aux entraînements militaires de plus de 3000

277 Dépêche de Haniel von Haimhausen à la Chancellerie du *Reich* du 19 janvier 1923; N°18. BA; R 43 1; 2681, Cité par Georges BONNIN, *Le Putsch de Hitler à Munich en 1923*, *opus cit.*, p.23-24.

278 Eduard Nortz était un avocat proche de Georg Escherich. Il fut responsable de la police de Munich de 1921 à 1923 avant d'être remplacé par G. Wolf.

279 Hubert HOFMANN, *Der Hitlerputsch. Krisenjahre deutscher Geschichte, 1920-1924*, München, Nymphenburger 1961.

membres de groupes paramilitaires près de Munich[280]. A cette occasion, le *Münchener Post* et le SPD dénoncèrent de concert le rôle joué par Ernst Röhm qui avait confié la direction de ces manœuvres à des officiers de la *Reichswehr*[281]. Finalement, Röhm se vit contraint de quitter son poste et les soldats se virent rigoureusement interdire d'adhérer à une quelconque organisation patriotique[282].

Les troubles à l'ordre public imputables à la NSDAP étaient fréquents à Munich et en Bavière depuis de longs mois et la montée en puissance de Hitler ne manquait pas de poser des problèmes aux autorités. La situation politique tendue en Bavière connut une acuité renforcée à l'occasion du 1er mai 1923 qui laissait présager de nouveaux troubles pouvant déboucher sur de graves violences. Cette situation fut prise en compte et les autorités essayèrent de trouver une solution. Des discussions furent engagées et, à cette occasion, une vive querelle opposa Hitler et les autorités bavaroises. A cette époque le 1er mai avait bien entendu une signification importante pour les organisations de gauche, mais également pour les partis et groupes d'extrême-droite bavarois qui fêtaient à cette date la chute de la République des Conseils à Munich. Hitler avait prévu l'organisation d'une vaste commémoration, avec un imposant défilé de la SA à la clé. Des heurts étaient évidemment prévisibles entre les nombreux manifestants de gauche et ceux tout aussi nombreux d'extrême-droite. Face à cette crainte, la police de Munich préféra annuler les autorisations de

280 Heinrich BENNECKE, *Hitler und die SA*, München, Olzog 1962, p.57-58.
281 *Ibid.*
282 *Ibid.*

défilés accordées aux partis et organisations de gauche et ne maintint finalement qu'une manifestation restreinte aux abords du centre ville sur la Theresienwiese. Au cours d'une réunion qui se tint pendant l'après-midi du 30 avril 1923, Otto von Lossow refusa aux organisations paramilitaires d'extrême-droite la mise à disposition des armes qu'elles demandaient dans la crainte d'une action de force. Cette décision de Lossow déclencha une terrible colère d'Hitler car sa manifestation avec l'étalage de la puissance nazie se retrouvait anéantie. Il obtint seulement le maintient d'une manifestation réduite près des casernes du nord de la capitale bavaroise sur l'Oberwiesenfeld et son terrain d'aviation. Le lendemain de ce camouflet, après une ultime tentative d'intimidation des groupes d'extrême-droite face aux unités de la police, la dispersion sans gloire fut finalement ordonnée. Il s'agissait là d'un lourd échec pour Hitler qui en garda une profonde amertume. Sa rancune en fut vivace. Il n'était pas prêt d'oublier ceux qui lui avaient mis des bâtons dans les roues. Le rapport de la police au sujet des actions de ce 1er mai 1923 insiste sur l'attitude sujette à caution des groupes d'extrême-droite :

« De fait, aux premières heures de la matinée, les formations de combat patriotiques, ainsi qu'une partie des VVM [unions patriotiques de Munich] se rassemblèrent à l'Oberwiesenfeld et dans quelques établissements de la ville, où ils déclarèrent, et cela fut souligné par les différents chefs, qu'ils occupaient une position défensive contre un soi-disant putsch socialiste qu'ils redoutaient. Les sections d'Assaut nationales-socialistes formaient le gros du rassemblement à l'Oberwiesenfeld. Les premières informations au sujet de l'importance du rassemblement parlaient de 6 à 8000 personnes. Ces chiffres se révélèrent plus tard considérablement exagérés.

En fait, le déploiement des formations de combat patriotiques se montait :
1-) à l'Oberwiesenfeld à 1300 nationaux-socialistes , 200 hommes du *Reichsflagge*, environ 400 hommes du groupe Blücher ainsi que quelques centaines d'hommes des cercles des volontaires temporaires.
2-) au Maximilianeum à 800 hommes du groupe *Oberland.*
3-) dans toute la ville, répartis dans les différents quartiers, à environ 2000 à 2500 hommes, activistes des organisations patriotiques de district (groupe Zeller)…

Tandis que les nationaux-socialistes et les autres membres des organisations de combat patriotiques passèrent toute la matinée à faire de l'exercice, le programme de ceux qui célébraient le 1er mai, se déroulait sans incident en ville à la Theresienwiese sous la protection de la police. Pour éviter tout heurt entre ceux qui fêtaient le 1er mai et les rassemblements nationaux-socialistes, un fort détachement de la police fut déployé en arc de cercle autour de l'Oberwiesenfeld. La *Reichswehr* servit d'éventuelle réserve[283]. […] »

Le soir même du 1er mai, Hitler annonça lors d'une réunion politique toujours au Cirque Krone la création d'une alliance entre la NSDAP et d'autres organisations d'extrême-droite comme le *Bund Blücher*, la *Reichs-kriegflagge*, un groupe armé d'anciens combattants, le *Bund Oberland*[284], une organisation paramilitaire dirigée par Friedrich Weber[285] (1892-1954), le *Wikingbund.* L'association de ces partis et organisations au sein du *Deutscher Kampfbund* (Ligue de combat allemande) était

283 Ernst DEUERLEIN, *Der Hitler-Putsch, 8./9. Nov. 1923, opus cit.*
284 Il s'agissait de l'ancien *Freikorps Oberland.*
285 Friedrich Weber fut *Reichsführer* des vétérinaires allemands le 15 février 1934. En 1939, il fut nommé professeur honoraire de médecine vétérinaire à l'université Humboldt à Berlin. Il fut emprisonné en mai 1945 par les Américains.

sensée donner un poids et une visibilité supplémentaire à leurs actions et à leurs idées[286]. Le chef militaire de cette nouvelle entité était le lieutenant-colonel Hermann Kriebel (1876-1941), ancien chef d'état-major et dirigeant de l'*Arbeitsgemeinschaft der Vaterländischen Kampf-Verbände* (Communauté de travail des associations patriotiques de combat) et le chef politique du nouveau mouvement était l'incontournable Adolf Hitler. Néanmoins, dès cette période, Hitler aurait pu être écarté de la scène politique pendant de longs mois. Sous le coup d'une enquête pour troubles à l'ordre public, les autorités pouvaient agir pour le retirer du jeu. Mais, Hitler fit du chantage auprès du ministre bavarois de la Justice Franz Gürtner en le menaçant de dévoiler les liens qui unissaient la *Reichswehr* et la SA (entraînement militaire et armement)[287]. Le pouvoir préféra classer l'affaire[288]. Cependant, en dépit du chantage d'Hitler, Franz Gürtner, s'il avait été animé par un courage politique sans faille aurait pu permettre une suite judiciaire à cette affaire en décidant le huis clos. Il préféra ne pas retenir cette possibilité par crainte que des ministres bavarois ne fussent appelés à témoigner et subissent alors des contre-interrogatoires non dénués de risques. De fait, les éléments politiques en rapport avec l'hostilité à Berlin des principales forces bavaroises eurent plus de force dans le choix de classer l'affaire que la tentative de chantage d'Hitler.

---

286 Elina KIISKINEN, *Die Deutschnationale Volkspartei in Bayern in der Regierungspolitik des Freistaats während der Weimarer Zeit*, München, Beck 2005.
287 Ian KERSHAW, *Hitler, opus cit.*, p.301.
288 *Ibid.*

Cette alliance entre les différents groupes et partis nationalistes fut officialisée les 1er et 2 septembre 1923 à Nuremberg devant une foule de près de 100 000 personnes enthousiastes à l'occasion de la commémoration de la victoire sur les Français à Sedan le 2 septembre 1870. Un programme politique fut défini le 24 septembre suivant par Max Erwin von Scheubner-Richter, dont l'épais carnet d'adresses faisait entrer de nombreux fonds dans les caisses de la NSDAP. Ce programme prévoyait notamment la mise en action d'une « révolution nationale » de Bavière après la conquête de la police et de l'armée. Il était donc impérieusement nécessaire pour la réussite de ce projet de placer des hommes de confiance au ministère bavarois de l'Intérieur. A cette même période, Friedrich Ebert et Gustav Stresemann envisagèrent lors d'une réunion de travail la mise en place d'une dictature provisoire conduite par von Seeckt afin de protéger le *Reich* du particularisme bavarois et des envies séparatistes de la Rhénanie[289].

Quelques semaines auparavant, en août 1923, le nouveau ministre de l'Intérieur Wilhelm Sollmann[290] (1881-1951) rédigea un rapport d'une grande sévérité à l'encontre du gouvernement de Munich responsable à ses yeux de multiples actions visant à défier le pouvoir de Berlin *(voir le texte complet du rapport Sollmann dans la partie Annexes à la fin de cet ouvrage)*. Ce rapport

289 Heinrich A. WINKLER, *Histoire de l'Allemagne*, *Opus cit.*, p.370.

290 Eugene Harold KIST, *William Sollmann. The Emergence of a Socialdemocratic Leader*, Diss. Philadelphia 1969, Franz WALTER, *Wilhelm Sollmann (1881–1951). Der Parteireformer*, in Peter LÖSCHE, Michael SCHOLING, Franz WALTER (Hg), *Vor dem Vergessen bewahren: Lebenswege Weimarer Sozialdemokraten*, Berlin, Copress 1988.

démontrait le haut degré de tension qui régnait entre Berlin et Munich.

Le 26 septembre 1923, en réaction à la fin de la résistance passive, la Bavière, vivement aiguillonnée par des milieux monarchistes, décida de proclamer l'état d'urgence et octroya à Gustav von Kahr, commissaire général de l'Etat (*Generalstaatskommissar*), des pouvoirs élargis proche de la dictature. Kahr succédait à Eugen von Knilling[291] (1865-1927) du *Bayerische Volkspartei* (parti populaire bavarois) en qui le *Landtag* n'avait plus confiance. Le gouvernement du *Reich* riposta à l'attitude de désobéissance de la Bavière qu'il considérait comme une violation de la Constitution et proclama à son tour l'état d'urgence sur tout le territoire. Le général von Lossow refusa d'obéir aux ordres de Berlin et du chef de l'armée Hans von Seeckt[292] (1866-1936). Le 27 septembre, le journal nazi *Völkischer Beobachter* attaqua violemment le duo Stresemann-Seeckt, les « dictateurs mariés à une demi-juive pour l'un et à une juive pour l'autre[293] ». Suite à cet assaut, Otto Gessler[294] (1875-1955), ministre de la

---

291 Eugen von Knilling fut ministre des Cultes du Land de Bavière sous Guillaume II.

292 Hans von Seeckt fut officier d'état-major pendant la Première Guerre mondiale. Il prit la succession d'Hindenburg à la tête de la *Reichswehr* de 1920 à 1926. Il fut l'auteur majeur de la loi militaire du 23 mars 1921 et travailla à reconstituer une armée allemande offensive malgré le Traité de Versailles. Après avoir cherché à faire chuter Stresemann, il fut député et soutint la NSDAP de Hitler.

293 Heinrich A. WINKLER, *Histoire de l'Allemagne*, *opus cit.*, p.370. En fait, la femme de Seeckt était chrétienne et avait été élevée dans sa jeunesse au sein d'une maison juive.

294 Heiner MÖLLERS, *Reichswehrminister Otto Geßler. Eine Studie zu »unpolitischer« Militärpolitik in der Weimarer Republik*. Frankfurt a.M. 1998, Otto GESSLER, *Reichswehrpolitik in der Weimarer Zeit.* Stuttgart 1958.

Reichswehr, ordonna à Lossow et à Kahr de décider l'interdiction de parution du journal nazi, mais ils n'obtempérèrent pas à cet ordre[295]. Otto Von Lossow se vit privé de son commandement par Berlin, mais le gouvernement bavarois le rétablit dans ses fonctions[296]. L'affaire du *Völkischer Beobachter* fut débattue lors du conseil de cabinet du gouvernement. Gessler précisa qu'il avait donné des ordres clairs à Lossow et que ce dernier avait fait suivre les ordres à Kahr. Mais aucune décision n'était venue[297]. D'autre part, Gessler ajouta être toujours dans l'attente du rapport promis par Lossow[298]. Gessler se montrait pour sa part favorable à une intervention rapide et énergique à l'image de l'intervention en Saxe contre les communistes[299].

Le 4 octobre 1923, Edgar Haniel von Haimhausen adressa une nouvelle lettre à la Chancellerie du *Reich*. Dans ce courrier, il dressait alors un portrait de Kahr, soupesant soigneusement les atouts dont il disposait et les points faibles qui étaient les siens à ses yeux :

« Avant que M. von Kahr n'ait pris des pouvoirs dictatoriaux, les événements de politique intérieure et extérieure à Berlin provoquaient ici une profonde émotion et, comme on le sait, avaient presque conduit à une explosion des passions nationales. Maintenant, les décisions lourdes de conséquences prises dans la capitale du *Reich* sont suivies avec un calme

295 Georges BONNIN, *Le Putsch de Hitler à Munich en 1923*, *opus cit.*, p.53.
296 Hans Hubert HOFMANN, *Der Hitlerputsch. Krisenjahre deutscher Geschichte, 1920-1924, opus cit.*
297 Conseil de Cabinet du 6 octobre 1923, Bundesarchiv; R 43 I; 2218.
298 *Ibid.*
299 *Ibid.*

surprenant. La raison psychologique en serait qu'après la nomination de M. von Kahr on se sent beaucoup moins dépendant des événements de Berlin et qu'on lui fait confiance pour maintenir dans tous les cas l'ordre en Bavière et pour préserver les intérêts bavarois. Chez ses partisans, cette confiance va, on le sait, si loin, que l'on voit en lui le futur sauveur et dictateur de l'Allemagne. Cependant des personnalités, occupant des postes de responsabilité, estiment que M. von Kahr manque pour cela […] de la connaissance des problèmes allemands hors de Bavière ainsi que des problèmes de politique étrangère. […] Déjà, chez beaucoup de ses amis assez proches, la décision de prendre son poste actuel provoque des hochements de tête, car cette décision implique le danger d'une usure politique rapide. Ceux qui sont moins proches de lui se disent: ou bien Kahr remplira la tâche qui lui est imposée, et on ne peut que s'en féliciter dans l'intérêt général, ou bien il échouera et l'auréole qui l'a jusqu'ici accompagné sera détruite […] Néanmoins, cette appréciation plus critique de la personnalité et des tâches de Kahr se limite à un petit cercle intime. Comme le montrent déjà les déclarations de loyalisme publiées tous les jours par de nombreux groupes et organisations, l'estime que lui porte le public en général croît constamment et il est pour l'instant l'homme le plus puissant en Bavière non seulement en vertu des pouvoirs dont il dispose, mais aussi grâce à son prestige personnel[300] […] »

Le 8 octobre 1923, Heinrich Brandler, dirigeant du KPD, prononça à la tribune du *Reichstag* à Berlin un discours très offensif qui démontrait que la situation politique nationale n'était pas apaisée et que les menaces d'instabilité demeuraient nombreuses et d'une redoutable acuité :

---

300 Dépêche de Haniel von Haimhausen à la Chancellerie du Reich le 4 octobre 1923, Bundesarchiv Koblenz; R 43 I; 2233.

« Nous le savons très bien : la dictature blanche qui règne sur l'Allemagne aujourd'hui ne peut être détruite que par la dictature rouge [...] Les classes laborieuses n'ont pas d'autres choix que de reconnaître que le règne de la force ne peut être aboli que par les moyens et les méthodes que vous employez vous-mêmes. [...] Et quand vous faites prendre conscience aux ouvriers que les grenades et les mitrailleuses sont des armes meilleures que tous les discours au Parlement, que les armes de la dictature blanche sont plus efficaces que des bulletins de vote, alors, vous ne faites que créer vous-mêmes les conditions de votre propre liquidation ![301] »

Le 10 octobre 1923, le président du conseil bavarois Eugen von Knilling fit part de son soutien à Lossow. Dès le 13 octobre, Knilling adressa un courrier à Stresemann dans lequel il précisa son désaccord avec l'attitude de Seeckt et de Gessler qui avaient demandé à Lossow de démissionner. Il revint longuement sur les responsabilité de chacun dans l'affaire du *Völkischer Beobachter* et argumenta en faveur de Lossow et de Kahr :

« [...] Je ne peux qu'approuver les vues du général von Lossow, selon lesquelles une action de sa part, en tant que commandant en chef, contre le *Völkischer Beobachter*, surtout une intervention armée, aurait été une mesure peu heureuse, qui aurait pu avoir des conséquences indésirables. Je ne crois pas me tromper en disant qu'à cet égard à Berlin on connaissait trop peu les conditions existantes ainsi que la situation intérieure en Bavière. Le *Völkischer Beobachter* était l'organe officiel du mouvement national-socialiste, qui sous la direction de Hitler [...] disposait [...] de forces très puissantes [...] En présence de ce très grand danger, la conduite du *Generalstaatskommissar* [Kahr], nommé par le gouvernement bavarois, devait viser en premier lieu, par une tactique habile, à isoler le mouvement

---

301 Stenographischer Bericht, vol.361, p.12004.

hitlérien. Les efforts du *Generalstaatskommissar* dans cette direction ont en fait déjà produit des résultats appréciables. Des organisations influentes, qui s'étaient déjà ralliées à Hitler […] se sont détachées de lui et se sont mises à la disposition du *Generalstaatskommissar*[302]… »

Finalement, le journal nazi fut interdit de parution pendant dix jours. A cette occasion, Haniel von Haimhausen, décela dans cette initiative tardive de Kahr, une manœuvre afin de « protéger » le Parti populaire bavarois dont Kahr était très proche et sur lequel le journal nazi ne cessait pas de tirer à boulets rouges[303].

En octobre 1923, Hitler n'était pas maître du jeu et Kahr, Lossow et Seisser étaient en position de force. Les projets du triumvirat, pour lesquels furent entrepris de longues négociations avec des relais nord-allemands, étaient d'établir une dictature nationaliste fondée sur un directorat, avec ou sans Kahr, mais qui écartait résolument Hitler et Ludendorff et qui bénéficiait du soutien quasi entier de la *Reichswehr*[304]. Du côté d'Hitler et du *Kampfbund*, il était envisagé un directorat bavarois avec Hitler et Ludendorff[305]. Ce projet là écartait fermement Kahr et voulait faire plier ensuite Berlin par la force. Hitler et le *Kampfbund* pensaient réussir cette opération grâce aux groupes paramilitaires dont ils disposaient, mais également grâce au soutien, au moins relatif, de la

---

302 Lettre d'Eugen von Knilling à Gustav Stresemann le 12 octobre 1923. Bundesarchiv; R 43 I; 2218 citée par Georges BONNIN, *Le Putsch de Hitler à Munich en 1923, opus cit.*, p.55.

303 Georges BONNIN, *Le Putsch de Hitler à Munich en 1923*, *opus cit.*, p.56.

304 Harold J.GORDON, *Hitler and the Beer Hall Putsch*, Princeton 1972, p. 246-257.

305 *Ibid.*

Reichswehr[306]. Le projet d'Hitler se démarquait de celui du triumvirat par le fait qu'il n'envisageait qu'un recours mesuré à la *Reichswehr* alors que Kahr prévoyait de n'utiliser que la *Reichswehr* pour faire tomber le gouvernement de Berlin[307]. Malgré les efforts d'Hitler pour entraîner Lossow et Seisser vers son point de vue, aucun de deux hommes ne fut convaincu par ses arguments, même si Lossow parut être le plus hésitant des deux[308]. En effet, le 15 octobre 1923, Hitler pensait avoir retourné Lossow, pourtant très hostile aux nazis, et être parvenu à obtenir son soutien au cas où il entreprendrait une action[309].

Le 20 octobre, Kahr fit publier une proclamation qui affirmait que la Bavière considérait comme son devoir d'être la forteresse de la germanité menacée et justifiait les pouvoirs confiés au général von Lossow. Hans von Seeckt estima alors que le gouvernement bavarois faisait preuve d'ingérence dans le commandement militaire et cela au mépris de la Constitution. Il demanda au chancelier Gustav Stresemann[310] (1878-1929) de recourir à une

306 Georg-Franz WILLING, *Putsch und Verbotszeit der Hitlerbewegung, November 1923-Februar 1925*, Preuβisch Oldendorf 1977, p.57.

307 *Ibid.*

308 Harold J.GORDON, *Hitler and the Beer Hall Putsch*, Princeton 1972, p. 246-257.

309 *Ibid.*

310 Gustav Stresemann était un industriel de Saxe qui fut l'un des fondateurs en décembre 1918 du *Deutsche Volkspartei* (parti populaire allemand). Il occupa le poste de chancelier du 13 août 1923 jusqu'au 23 novembre 1923. Il fut l'un des principaux acteurs de la négociation et de la signature des accords de Locarno. Il obtint en 1926 avec Aristide Briand le Prix Nobel de la Paix en raison de ses nombreuses actions pour un rapprochement franco-allemand.

« dictature légale » ce qui lui fut refusé et déboucha sur la perte de confiance de l'armée envers le chancelier[311]. Selon l'avis de l'historien Heinrich A. Winkler, le manque de confiance de la *Reichswehr* envers les politiques au pouvoir pouvait s'avérer très dangereux car :

« Ni Kahr, ni Lossow [...] ni Seisser, n'envisageaient de séparer la Bavière du Reich. Le triumvirat bavarois ambitionnait bien plus de réformer le *Reich* sur le modèle de la Bavière. Une marche sur Berlin devait aboutir à la mise en place d'une « dictature nationale[312] »

L'insoumission de la Bavière se prolongeait donc et allait dans quelques semaines sombrer plus encore dans une défiance absolue sur le chemin de la sécession envers le pouvoir de Berlin alors qu'en Thuringe et en Saxe les gouvernements socialistes s'étaient rapprochés du KPD. Cependant, le gouvernement de Berlin fut mis en garde par Haniel von Haimhausen sur les dangers que pouvaient représenter à ses yeux une politique trop ferme à l'égard de la Bavière :

« [...] Mon devoir m'oblige à attirer à nouveau l'attention sur les conséquences apparemment inévitables qui se produiraient en persévérant dans l'attitude adoptée jusqu'ici: comme M. von Knilling me l'a assuré et comme cela m'a été confirmé par ailleurs, la *Reichswehr* bavaroise, en cas de rupture, n'obéira pas aux instructions de Berlin mais à celles du gouvernement bavarois. Non seulement la discipline de la *Reichswehr* en sera ébranlée, mais le contingent bavarois sera séparé du reste de la *Reichswehr.* [...] Certes la Bavière peut

311 Horst MÖLLER, *La République de Weimar*, Paris, Tallandier 2005, p.182.

312 Heinrich A. WINKLER, *Histoire de l'Allemagne*, *Opus cit.*, p.371.

être placée dans une situation désespérée par un étranglement financier, économique […] Il est douteux cependant que dans ce cas la Bavière se soumette à nouveau au *Reich* ou que dans son amertume elle cherche à se rattacher ailleurs[313]. […] »

Le 20 octobre 1923, suite à l'échec de la mission Braun pour obtenir le départ de Lossow, Gustav Stresemann écrivit :

« […] Dans la conversation entre le ministre Gessler et le Président Ebert, il a été apparemment décidé de s'abstenir d'autres tentatives [de rapprochement des positions] et de remettre maintenant la lettre de congé[314]. […] »

Le lendemain, les troupes stationnées en Bavière passèrent sous le commandement du gouvernement bavarois malgré l'opposition de Seeckt et de Stresemann. Mais Stresemann ne renonça pas et parvint à obtenir l'assentiment de Knilling en vue d'entamer une procédure de médiation menée par le président du *Reichsrat* von Hieber. Mais cette initiative rencontra la vive opposition de Gessler et de Sollmann. La Bavière souhaitait se servir de ces discussions pour voir la Constitution de Weimar être modifiée dans le sens fédéraliste.

Le 23 octobre, Hitler déclara lors d'une réunion du *Kampfbund* : « Une action indépendante des troupes du *Kampfbund* serait absurde et doit être exclue. Le soulèvement national ne pourrait se faire qu'en étroite association avec l'armée et la police bavaroises[315]. »

---

313 Dépêche de Haniel von Haimhausen à la Chancellerie du Reich le 20 octobre 1923, Bundesarchiv; R 43 I; 2264.

314 Georges BONNIN, *Le Putsch de Hitler à Munich en 1923*, *opus cit.*, p.67.

315 Propos cités par un témoin lors du procès d'Hitler, le 4 mars 1924,

Le 24 octobre, Hitler rencontra Hans von Seisser[316] (1874-1973), puis le lendemain, en compagnie de Weber, il se réunit à nouveau avec Lossow et Seisser. Hitler leur proposa à cette occasion une entente dont serait exclu Kahr. Hitler cherchait à s'assurer le soutien de l'armée et de la police. Les négociations se poursuivirent mais n'aboutirent finalement pas.

Au début novembre, les rumeurs d'un putsch imminent se répandirent dans la capitale bavaroise. Pour certains, la restauration de la monarchie était prévue pour le 9 novembre, pour d'autres le capitaine Ehrhardt se rendrait maître de Berlin le 15 novembre. Cette date du 15 était aussi celle qui avait la préférence de Lossow pour faire marcher la *Reichswehr* bavaroise sur Berlin[317]. Les autorités bavaroises redoutaient un coup de force d'Hitler. Le 3 novembre 1923, certaines sources mirent en alerte Hans von Seeckt au sujet d'une imminente marche sur Berlin provenant de Bavière. A cette même période, Seisser gagna Berlin afin d'y rencontrer Seeckt qui ne donna pas son aval au projet du triumvirat de renverser le gouvernement légal de Berlin[318]. La décision de Seeckt mit un coup d'arrêt aux intentions immédiates du triumvirat

---

cités par Ernst DEUERLEIN, *Der Hitler-Putsch, 8./9. Nov. 1923, opus cit.*

316 Hans Ritter von Seisser était le fils d'un juge. En 1893, il s'engagea dans le régiment bavarois d'artillerie. Il participa à la Première Guerre mondiale en tant que commandant. En septembre 1920, il fut incorporé dans la police d'État bavaroise comme lieutenant-colonel. Seisser fut arrêté par les nazis après 1933 et brièvement enfermé à Dachau. Il fut nommé préfet de police de Munich par les Américains de mai à août 1945.

317 Hans Hubert HOFMANN, *Der Hitlerputsch. Krisenjahre deutscher Geschichte 1922-1924*, *opus cit.*, p.135.

318 Ernst DEUERLEIN, *Der Hitler-Putsch, 8./9. Nov. 1923,opus cit.*, p.190-191.

qui chercha à dissuader le *Kampfbund* de mener une action de son côté et le menaça même s'il venait à passer outre cet avertissement d'employer la force armée pour venir à bout de toute tentative de sédition[319].

Devant le blocage du triumvirat, Hitler qui voulait agir au plus vite, dépêcha Friedrich Weber auprès de Ludendorff afin que ce dernier joua de son prestige pour convaincre Kahr de le rencontrer[320]. Mais Kahr ne voulut rien entendre et repoussa toutes les offres de rencontre[321] avec Hitler[322]. D'autre part, la rencontre de Kahr avec Ludendorff, outre le désaccord sur une entrevue avec Hitler, se solda par de profondes divergences et des interprétations discordantes entre les deux hommes aussi bien au niveau de l'analyse de la situation politique que des futures actions à entreprendre[323].

Le 5 novembre 1923, Seeckt au cours d'un entretien avec le chancelier Stresemann lui demanda de se retirer de son poste. En fait, pour Seeckt, il paraissait urgent de barrer la route au radicalisme de droite, et il ne pensait la chose possible qu'avec la mise en place d'un autre cabinet[324]. Seeckt dont la puissance se trouvait à son paroxysme envisageait l'installation d'un directoire expurgé de tout membre des partis politiques et qui

319 *Ibid.*, p.191-192.
320 Harold J.GORDON, *Hitler and the Beer Hall Putsch*, *opus cit.*, p.259.
321 Hitler proposa une rencontre avec Kahr pour le 6 novembre puis le 8 novembre.
322 Georg-Franz WILLING, *Putsch und Verbotszeit der Hitlerbewegung, November 1923-Februar 1925, opus cit.*, p.63-64.
323 Ian KERSHAW, *Hitler, opus cit.*, p.928.
324 Georges BONNIN, *Le Putsch de Hitler à Munich en 1923*, *opus cit.*, p.85.

prendrait des décisions sans recourir aux élus du *Reichstag*[325].

Le 6 novembre 1923, Gustav von Kahr et ses amis sentant la tension à son comble organisèrent une réunion à laquelle furent conviées de nombreuses associations patriotiques, dont le *Kampfbund*, mais sans la présence d'Hitler, afin de les convaincre de n'engager aucune action spontanée. N'ayant plus le prétexte des événements de Thuringe où la *Reichswehr* s'occupait désormais de la rébellion communiste, Kahr souhaitait clarifier sa position tout en essayant de ne pas trop prêter le flan à une suspicion de faiblesse envers Berlin de la part de certains. Kahr chercha donc à mettre en place un directoire et fit part de son désir de ne rien faire avant le 11 novembre. De son côté, Otto von Lossow fit part à Friedrich Weber et Hermann Kriebel du fait qu'il ne voulait pas se lancer dans une opération qui ne bénéficierait pas d'un large soutien populaire et militaire. Kahr ne voulait pas d'une action à chaud et s'orientait davantage vers un coup d'État qui émanerait des milieux conservateurs du nord de l'Allemagne[326]. Dès le 20 octobre 1923, Kahr avait déclaré que la Bavière estimait être de son devoir absolu d'être la forteresse de la germanité menacée[327]. Il avait aussi noué des liens et entamé des discussions avec des groupes nationalistes berlinois comme le Casque d'acier[328]. Hitler

---

325 Ernst DEUERLEIN, *Der Hitler-Putsch, 8./9. Nov. 1923*, *Opus cit.*

326 Peter LONGERICH, *Heinrich Himmler : biographie*, Berlin, Pantheon Verlag 2010.

327 Horst MÖLLER, *La République de Weimar*, Paris, *opus cit.*, p.182.

328 Le *Stahlhelm, Bund der Frontsoldaten* (Casque d'acier, Ligue des soldats du front) était une organisation paramilitaire, un corps franc

était lui absolument en désaccord avec cette ligne. Le matin qui précéda cette conférence du 6 novembre, Kahr avait reçu une longue lettre de Seeckt rédigée entre le 2 et le 5 novembre. Kahr calqua sa position sur celle de Seeckt. Kahr se voyait devenir président du *Reich* et il n'adhérait au séparatisme bavarois que par défaut et opportunisme. Le soutien de Seeckt était primordial pour lui. Les atermoiements et tergiversations de ce dernier ajoutés au manque d'entrain de la grande industrie allemande qui préférait opter pour que « la faim et le froid » fassent la besogne ne lui laissaient pas trop le choix. Dans cette lettre adressée à Kahr, Seeckt aborda avec une grande franchise la situation telle qu'il la voyait :

« La situation du *Reich* oblige à cette heure à faire taire toute considération et toute prudence [...] nous étions largement d'accord sur de nombreuses questions fondamentales, mais que nous différions sur les moyens et le moment. Je me permets de négliger ces différences d'opinion car il importe de souligner ce qu'il y a encore de commun dans nos vues et nos buts. [...] Je tiens un Cabinet Stresemann pour non viable même après le changement [...] J'ai exprimé ce manque de confiance au Chancelier lui-même et au Président du *Reich* et je leur ai dit que je ne pouvais pas répondre de l'attitude de la *Reichswehr*, sous un gouvernement dans lequel elle n'avait pas confiance. Bien plus, si un changement n'intervient pas dans le gouvernement du *Reich*, je prévois la guerre civile avec certitude. Son issue est incertaine. Son cours nous détruira en tout cas. Si elle n'est pas conduite avec un front unique clairement défini de tous ceux qui partagent le sentiment

---

(*Freikorps*) fondé après la fin de la Première Guerre mondiale et essentiellement composé d'anciens combattants. Le *Stahlhelm* fut créé par Franz Seldte (1882-1947) à Magdebourg. Le *Stahlhelm* combattait la politique des partis de Weimar avec force. Cette organisation comptait plus de 500 000 membres au début des années trente.

national, elle ne sera pas conduite avec succès. Un gouvernement Stresemann qui n'aurait pas l'appui convaincu de la *Reichswehr* ne pourra pas se maintenir [...] Elle ne doit pas être mise dans la position d'être engagée contre des gens ayant les mêmes sentiments qu'elle [...] D'autre part, elle ne peut pas supporter qu'un parti irresponsable, de son propre chef, entreprenne de provoquer un changement par la violence. Elle se brisera dans ce combat, si elle doit défendre l'autorité de l'État sur deux fronts. Alors, nous aurons joué le jeu de la France, alors nous aurons offert au communisme moscoutaire sa dernière chance de succès. Je ne crains pas le communisme [...] Je me permets ici de faire allusion à la situation prévalant à la frontière entre la Thuringe et la Bavière. Il faut empêcher les étourderies qui auraient des conséquences incalculables. Je vous demande d'exercer toute votre influence dans ce sens[329]. [...] »

Mais, mis au courant de rumeurs qui faisaient état de l'imminence d'un coup de force initié par Kahr, Lossow et leurs sympathisants, Hitler et les représentants du *Kampfbund* se rencontrèrent d'urgence le 7 novembre 1923 dans la soirée ainsi que le 8 novembre au petit matin afin de déterminer une position commune. Sous la pression d'Hitler, il fut décidé de court-circuiter les éventuels projets de Kahr et d'entreprendre en le devançant une action d'envergure dès le soir du 8 novembre à la *Bürgerbräukeller* de Munich où Kahr devait tenir une importante réunion politique devant de nombreux notables. Un plan précis fut adopté. Ainsi, après le début du discours de Kahr, Hitler et Hermann Göring[330] (1893-1946) devaient faire irruption dans la salle

---

329 Lettre de Seeckt à Kahr du 5 novembre 1923, Bundesarchiv, papiers Seeckt, dossier 154.

330 Hermann Göring, fils d'un haut fonctionnaire colonial, issu de l'Académie de Groß Lichterfelde près de Berlin, fut président du *Reichstag*, Premier ministre de Prusse, président du Conseil d'État

avec sur leurs talons une bonne centaine de SA en armes et de nombreux autres SA devaient se positionner autour de la *Bürgerbräukeller* et dans les rues adjacentes. L'effet de surprise et de peur devait permettre à Hitler de prendre la parole sans rencontrer la moindre opposition pendant que la SA se chargerait de la mise à l'écart des officiels du gouvernement bavarois. Hitler annoncerait à l'assistance la mise en place de la révolution nationale. Lors des réunions préparatoires au putsch, il fut décidé de procéder à la maîtrise des moyens de communications, mais également de veiller à étouffer tout risque d'opposition en procédant à l'arrestation des principaux dirigeants communistes, socialistes ainsi que de nombreux leaders syndicaux[331]. Ensuite, Ernst Röhm, à la tête d'une unité du *Reichskriegsflagge*, se chargerait de la prise du quartier général du VIIe district militaire et Gerhard Roβbach[332] (1893-1967) pour sa part, se chargerait à la tête de son corps-franc, de prendre possession des bâtiments officiels du gouvernement. Les soldats devaient se joindre au mouvement grâce à l'action du *Bund Oberland* chargé de la propagande dans les casernes.

---

prussien, délégué spécial du *Führer* pour le Plan quadriennal, Maréchal du *Reich* (*Reichsmarschall*). Personnage complexe, brillant aviateur lors de la Première Guerre mondiale (22 victoires et dernier commandant de la légendaire escadrille Manfred von Richthofen), mondain, héroïnomane, surnommé l'homme de fer (*der Eiserre*), il fut condamné à mort lors du Procès de Nuremberg, mais il parvint à s'empoisonner le 15 octobre 1946 quelques heures avant sa pendaison.

331 Harold J.GORDON, *Hitler and the Beer Hall Putsch*, *opus cit.*,p.260.

332 Gerhard Rossbach participa au putsch de Kapp en 1920, puis devint membre de la NSDAP. Il essaya de gagner les étudiants à la cause nazie pour le compte de la SA. Il se brouilla ensuite avec Hitler et fut arrêté lors de la Nuit des longs couteaux en 1934.

Il était indispensable de conjuguer la réussite de ces éléments pour que l'action envisagée par Hitler fut couronnée de succès. Mais, même avec la participation active envisagée du célèbre général Erich Ludendorff[333] (1865-1937) dont le charisme et le prestige étaient évidemment susceptibles d'entraîner les plus réticents, l'affaire était encore loin d'être gagnée. Hitler, pour obtenir un vrai succès devait réussir à réunir tous les éléments déjà évoqués, mais en plus il devait aussi compter sur le soutien ou au moins sur la passivité de la police et de la *Reichswehr.*

Hitler et ses compagnons espéraient d'autre part attirer à eux Kahr, Lossow et Seisser soit par la conviction, soit par la démonstration de leur force. Après d'ultimes discussions, Hitler prit le chemin de son appartement de la Thierschstraβe un peu après une heure du matin après

---

333 Vainqueur de la bataille de Tannenberg et des Lacs Mazures lors de la Première Guerre mondiale. Tannenberg est une ancienne localité de Prusse-Orientale, aujourd'hui située en Pologne. En août 1914 (du 26 au 30 août 1914), alors chef d'état-major de l'armée de Hindenburg, Ludendorff y battit l'armée russe conduite par A.W. Samsonov (qui se suicida). Les forces allemandes de la VIIIe armée firent preuve d'un courage et d'une organisation sans faille face à la IIe armée russe. Le monument de Tannenberg construit en 1927 afin de commémorer cette victoire allemande fut détruit à l'explosif par les Russes en 1945. Après cette victoire, Ludendorff fut l'adjoint de Hindenburg à la tête de l'état-major. Il était un très grand stratège militaire. Il se réfugia en Suède en 1918. Lors du putsch de Kapp en 1920 il fut pressenti comme "dictateur militaire" de l'Allemagne. Bien qu'élu député NSDAP de 1924 à 1928, ses relations avec Hitler se détériorèrent dès 1924. Le 31 janvier 1933, il écrira au maréchal président von Hindenburg qui venait de nommer Hitler à la chancellerie: "Je vous prédis solennellement que cet homme néfaste précipitera notre *Reich* dans l'abîme et ménera notre nation à un malheur inconcevable". Cf. Thierry FERAL, *Le "nazisme" en dates*, Paris, L'Harmattan, 2010, p. 172.

avoir révélé à son garde du corps Ulrich Graf[334] (1878-1950) : « c'est pour demain, huit heures[335]. » L'improvisation de l'action déterminée par Hitler allait cependant considérablement nuire au succès du putsch. En effet, Hermann Göring ne parvint pas dans le temps imparti très court à réunir plus d'une centaine de SA en armes. Il allait falloir faire preuve de ruse pour faire croire aux adversaires à une puissance de feu bien plus redoutable que ce qu'elle était en vérité. Mais, malgré ce contretemps très regrettable et qui pouvait représenter un risque certain, Hitler trop pressé voulait agir coûte que coûte ce soir là à l'occasion du discours de Kahr. Rien ni personne ne pouvait entraver sa farouche détermination à en découdre.

Afin de ne pas compromettre la confidentialité de son projet et craignant des indiscrétions, à l'intérieur même de son camp, qui mettraient à jour ses intentions putschistes, Hitler n'informa ses proches que très peu de temps avant la mise en route des opérations. Le cercle des hommes mis dans la confidence était en effet très restreint: Ulrich Graf, Max Amann (1891-1957), Rudolf Hess, Ernst Pöhner[336] (1870-1925). De leur côté, Hermann Göring, Hermann Kriebel, Max Erwin von Scheubner-Richter et

334 Ulrich Graf était un boucher qui s'engagea dans l'armée impériale allemande en 1896. Après avoir été renvoyé pour dégradation de matériel, il devint fonctionnaire communal à Munich. Il fut ensuite élu en décembre 1924 au conseil municipal de Munich, puis réélu en 1929, avant de conquérir un siège au *Reichstag* en 1936. Il fut condamné à 5 ans de camp de travail en 1948.

335 Témoignage de Graf, IfZ, ZS-282/52, 60. En fait, compte tenu de l'heure, environ 1 heure du matin, c'était en vérité pour le jour même.

336 Ernst Pöhner fut Préfet de police de 1919 à 1922. Il était connu pour avoir fourni de faux passeports à des personnes proches des milieux extrémistes de droite recherchées par le gouvernement de Berlin.

Friedrich Weber avaient déjà participé aux conversations initiales en conclusion desquelles le putsch fut finalement décidé. Ernst Hanfstaengl et Alfred Rosenberg furent pour leur part prévenus peu avant midi au siège du *Völkischer Beobachter* et Hitler leur fit promettre de garder le secret. Rendez-vous fut donné à tous les participants pour 19 heures précises à proximité de la *Bürgerbräukeller*. Il était évident que ce putsch comportait d'énormes risques car, ce soir là, la salle affichait complet avec environ 3000 personnes à l'intérieur qui s'étaient entassées là pour écouter le discours et les analyses de Kahr. De très nombreux officiels de haut rang garnissaient les chaises comme le ministre-président Eugen von Knilling et les membres de son équipe. En fait, toutes les personnalités qui comptaient dans la capitale bavaroise étaient regroupées dans cette salle : aristocrates, fonctionnaires, diplomates, officiers, banquiers, avocats, notaires, médecins… La salle était très copieusement garnie, mais la pièce du vestiaire était demeurée vide.

La soirée organisée par Gustav von Kahr débuta vers 19 heures. Le dispositif policier en place autour de la *Bürgerbräukeller*, sur la rive droite de l'Isar, n'était pas très important selon la volonté de Kahr : douze officiers de la police criminelle à l'intérieur, une trentaine de membres de la police de réserve (*Hauptwache*) à l'extérieur et quelques policiers supplémentaires dans le quartier. Le moment fatidique arriva enfin. Hitler, habillé d'un long imperméable, pénétra discrètement dans la *Bürgerbräukeller* à 19h30 après avoir fait le point avec ses compagnons quelques rues derrière la salle[337]. Il s'installa vers le fond de la salle contre un pilier, toujours en prenant

337 Ernst DEUERLEIN, *Der Hitler-Putsch, 8./9. Nov. 1923*, *opus cit.*, p.193.

garde à ne pas se faire remarquer. Il observa l'assistance, sans faire un geste, huma l'atmosphère des lieux. Ernst Hanfstaengl se tenait non loin de lui. Max Amann rejoignit Hitler et échangea quelques mots avec lui entre les longues tirades monotones du laborieux discours que Kahr avait commencé à prononcer peu avant l'entrée d'Hitler[338]. Lossow et Seisser se tenaient également sur l'estrade à côté de Kahr et faisaient face à une foule attentive mais peu enthousiaste. Tout se précipita lorsque Kahr prononça: « Même l'homme le plus énergique, même s'il possède les pouvoirs les plus larges, ne peut pas sauver le peuple, s'il ne reçoit pas du peuple un appui actif, inspiré par l'esprit national[339] ». Hermann Göring et une vingtaine de SA firent irruption dans la salle dans un vacarme étourdissant[340]. Hitler se faufila prestement jusqu'à l'estrade sous le regard interloqué de l'assistance et des orateurs. Il saisit une chaise posée à proximité, monta dessus, prit dans sa main le pistolet qu'il avait dissimulé à l'intérieur de la poche de son imperméable et tira brusquement un coup en l'air[341].

L'enchaînement imprévu des événements plongea alors l'assistance dans un état de très grande nervosité.

---

338 Georg-Franz WILLING, *Putsch und Verbotszeit der Hitlerbewegung, November 1923-Februar 1925, opus cit.*, p.78.

339 Mémoire du 12 décembre 1923, *« Der Putsch am 8.November 1923; Vorgeschichte und Verlauf »* rédigé par von Lossow.

340 Georg-Franz WILLING, *Putsch und Verbotszeit der Hitlerbewegung, November 1923-Februar 1925, opus cit.*, p.78.

341 D'après le rapport de la police, le coup de feu fut bien tiré par Hitler. Un témoignage pendant le procès d'Hitler fit état de deux coups de feu espacés de quelques minutes, le premier étant l'œuvre d'un garde du corps d'Hitler. Cette version ne fut corroborée par personne d'autre. Un seul coup de feu fut tiré et il le fut par Hitler. A ce sujet voir: Ernst DEUERLEIN, *Der Hitler-Putsch, 8./9. Nov. 1923, opus cit.*, p.194.

Hitler, de manière à être mieux vu et à se faire mieux entendre de tous, monta vivement sur l'estrade et d'une voix puissante, ferme, résolue, annonça que la révolution nationale était désormais en marche, que la salle était encerclée par des centaines d'hommes en armes et qu'il était donc tout à fait inutile d'essayer d'en sortir sans son consentement. Il annonça ensuite la destitution du gouvernement du *Reich* ainsi que celle du gouvernement de Bavière. La foule, incrédule malgré les armes pointées sous son nez, apprit de sa bouche que l'armée et la police soutenaient sans aucune restriction cette révolution nationale. Incrédule au départ, puis médusée, la foule fut progressivement prise d'enthousiasme. Hitler termina en lançant qu'un gouvernement provisoire était désormais en fonction :

« La Révolution nationale commence. Ce bâtiment est occupé par 600 hommes fortement armés. Défense à quiconque de quitter la salle. Si tout ne se calme pas immédiatement, je fais monter une mitrailleuse dans la galerie. Les gouvernements du *Reich* et de Bavière sont renversés. Un gouvernement national provisoire est formé. Les casernes de la *Reichswehr* et de la police sont également occupées. L'armée et la police marchent sur la ville sous la bannière au svastika[342]. »

La force de persuasion d'Hitler était telle qu'il parvint à convaincre l'assistance, mais la réalité des faits était tout autre et se trouvait être beaucoup moins favorable à ses projets qu'il voulait bien le clamer dans une *Bürgerbräukeller* à présent surchauffée. En effet, les forces dont Hitler et ses compagnons disposaient dans et

---

342 Kurt PÄTZOLD, Manfred WEISSBECKER, *Geschichte der NSDAP 1920-1945,*Berlin, VEB Deutscher Verlag der Wissenschaften, 1981.

autour de la salle n'étaient guère supérieure à une cinquantaine d'hommes et les centres névralgiques de l'armée, de la police, mais également du gouvernement bavarois étaient encore loin d'être sous le contrôle complet des putschistes. Néanmoins, Hitler avait encore en sa possession des cartes majeures à abattre. Il tenait bien la *Bürgerbräukeller* avec à l'intérieur, à sa merci, la plupart des membres politiques et institutionnels influents de Bavière. Ils étaient tous désormais placés sous la menace d'une lourde mitrailleuse disposée dans le vestibule.

Hitler descendit ensuite de l'estrade avec Kahr, Lossow et Seisser, laissa la surveillance de la salle entre les mains de Göring, et se retira avec les trois hommes forts du gouvernement bavarois ainsi qu'avec Rudolf Hess, Gustav Adolf Lenk (1903-1985) et Ulrich Graf dans une petite pièce attenante à la salle principale. Hitler, toujours armé de son pistolet déclara en le brandissant rageusement à la face de ses interlocuteurs inquiets que personne ne parviendrait à quitter la pièce sans son accord. Visiblement surexcité, Hitler poursuivit son monologue en précisant que son arme contenait encore quatre balles. Une pour chacun d'eux si nécessaire. Cependant, sur cette phrase précise, les avis divergent. Hitler affirma lors de son procès ne jamais l'avoir prononcée, mais il n'est pas certain que ce fut la vérité car d'autres témoignages prétendirent le contraire. Après cet avertissement, Hitler proposa à Kahr de l'accompagner dans cette révolution nationale et il lui suggéra de prendre le pouvoir en Bavière. Il proposa également à Lossow et à Seisser de participer activement à l'action engagée en occupant une place dans le nouveau gouvernement du *Reich* qu'il envisageait de former. Il leur précisa qu'il bénéficiait du soutien du général Erich Ludendorff qui allait intégrer ce nouveau gouvernement comme commandant en chef de l'armée nationale allemande. Mais Kahr et Seisser ne le prirent pas au sérieux et sur un ton méprisant rejetèrent ses propositions. Un instant surpris, Hitler garda le silence avant de pousser la porte et de regagner d'un pas alerte la salle comble et impatiente d'en savoir davantage. A cet instant, Hitler fit preuve d'un culot incroyable qui, allié à ses dons d'orateur, lui permirent de renverser une situation mal engagée une minute plus tôt.

Il harangua la foule et déclara avec force le début d'une nouvelle ère pour la Bavière et pour l'Allemagne enfin débarrassée des « criminels de novembre ». Il proposa à tous la création d'un gouvernement bavarois avec Kahr comme régent et l'ancien préfet de police Pöhner comme ministre-président. Concernant le gouvernement national, il envisageait tout simplement d'en assumer lui-même la direction politique. Il entendait attribuer le poste de ministre de l'Intérieur à Seisser, celui de ministre de la Défense à Lossow et les rênes de l'armée nationale allemande à Ludendorff comme il venait de le révéler au triumvirat bavarois dans la petite pièce attenante. Il termina son intervention en assurant l'assistance de son désir de marcher sur Berlin pour y écraser les ennemis de la nation et du peuple. Puis, il exhorta chacun à lui apporter son soutien afin de convaincre Kahr, Lossow et Seisser de se joindre à lui. Immédiatement, un vaste cri d'enthousiasme s'éleva de la foule. La satisfaction pouvait se lire sur le visage d'Hitler. Il fixa alors une dernière fois l'assistance et avant de descendre de l'estrade pour retrouver le triumvirat, il lança comme en transe : « Demain verra en Allemagne, un gouvernement national, ou bien nos cadavres[343] ! »

---

343 Harold J.GORDON, *Hitler and the Beer Hall Putsch*, *opus cit.*,

Sur ces entrefaites, Ludendorff arriva dans la *Bürgerbräukeller* avec Max Erwin von Scheubner-Richter, Heinz Pernet (1896-1973) et Johann Aigner[344]. Dès son arrivée, Ludendorff déclara solennellement au triumvirat : « Il s'agit de la patrie et de la grande cause nationale du peuple allemand et je ne peux que vous conseiller : venez avec nous, faites la même chose[345]. » La conjugaison de la présence charismatique de Ludendorff, de son soutien plein et entier au putsch, et du vibrant soutien dont Hitler avait bénéficié de la part de la foule incitèrent Kahr et ses amis à louvoyer et à affirmer leur soutien au putsch. Mais, ce soutien n'était que de façade et les trois hommes espéraient bien pouvoir se raviser et renverser les événements en leur faveur dans les heures qui allaient suivre. Hitler entraîna alors les trois hommes dans la salle principale afin d'officialiser leur soutien devant la foule en délire. Au comble de la joie, Hitler déclara :

> « Je vais accomplir maintenant ce que je m'étais juré de faire il y a cinq ans lorsque j'étais aveugle et estropié à l'hôpital militaire : n'avoir de cesse que les criminels de novembre soient terrassés et que des pitoyables ruines de la patrie se dresse l'Allemagne dans sa puissance, sa liberté et sa splendeur […] »

Le témoignage de Zetlmeier, haut fonctionnaire du ministère de l'Intérieur, permet d'éclairer certains aspects du putsch et notamment les agissements de Wilhelm Frick[346] (1877-1946) un des hommes de confiance de

---

p.288.

344 Donald GOODSPEED, *Ludendorff*, Berlin, Bertelsmann 1968.

345 Georges BONNIN, *Le Putsch de Hitler à Munich en 1923*, *opus cit.*, p.95.

346 Günter NELIBA, *Wilhelm Frick: Der Legalist des*

Hitler qui fut ministre de l'Intérieur du *Reich* après l'accession au pouvoir de ce dernier :

« […] Peu après 9 heures, on me téléphona pour m'annoncer que la Révolution nationale venait d'être proclamée par Hitler à la *Bürgerbräukeller* et qu'un gouvernement dictatorial avait été mis en place pour le *Reich* et la Bavière. Le gouvernement du *Reich* et celui de la Bavière avaient été renversés et les ministres bavarois présents avaient été arrêtés. J'appelai immédiatement le bureau de service de la préfecture de police, où le fonctionnaire de garde me déclara que l'*Oberamtmann* Frick était là. Je le fis venir au téléphone et je lui demandai ce qui se passait. Il me dit pour l'essentiel ce que je savais déjà et ajouta aussitôt qu'il déconseillerait d'intervenir par les armes […] car ce serait verser le sang inutilement[347]… »

Peu satisfait des renseignements obtenus et désirant en savoir davantage, Zetlmeier se déplaça jusqu'à la préfecture de police après avoir vainement cherché à rencontrer des personnes pouvant l'informer au ministère de l'Intérieur et au ministère des Affaires Étrangères. Une fois à l'intérieur de la préfecture de police, il parvint à trouver Wilhelm Frick qui sembla gêné par sa présence et l'insistance de ses questions :

« […] Frick me raconta brièvement le déroulement du coup de main. […] Il souligna que toute la *Bürgerbräukeller* était cernée d'hommes armés. […] Ma visite au bureau de service dura peut-être de 10 à 15 minutes. Pendant ma conversation avec Frick, la tête d'un jeune homme en uniforme gris hitlérien apparut dans l'entrebâillement de la porte et sourit

Unrechtsstaates. Paderborn, F. Schöningh,1992.

347 Ernst DEUERLEIN, *Der Hitler-Putsch, 8/9 Nov 1923*, *opus cit.*, p.227.

à Frick […] Cette scène me confirma ce que je soupçonnais depuis le début, que Frick était de mèche avec eux[348]… »

L'attitude de Frick fut confirmée par le rapport de police rédigé par le commandant Imhoff :

« […] Un fonctionnaire de la police criminelle vint à notre rencontre […] Le gouvernement avait été renversé. […] Je me rendis au bureau de l'officier de service. Celui-ci me confirma la nouvelle des événements à la *Bürgerbräukeller*. Il me dit aussi que l'*Oberamtmann* Frick avait téléphoné pour se renseigner sur la situation et pour conseiller de ne pas faire intervenir la police d'Etat […] Dans le voisinage de la brasserie, il n'y avait pour l'instant de disponible qu'une unité, armée seulement de carabines, à l'ancienne caserne des cuirassiers. Maintenant que l'intervention de […] Frick avait empêché de mettre rapidement cette troupe en action, il m'apparut clairement que ces faibles forces ne pouvaient plus désormais attaquer avec succès les formations du *Kampfbund*[349] […] »

L'analyse finale du commandant Imhoff était d'autant plus pertinente que la police d'Etat bavaroise était dans son ensemble fort peu hostile aux nazis et à leurs alliés.

Les événements se déroulèrent dans un premier temps favorablement pour Hitler. Après les discours, d'autres SA vinrent s'ajouter aux hommes présents depuis le début, puis Ernst Röhm et ses troupes parvinrent à se rendre maître du siège du VIIe district militaire dans la Schönfeldstrasse, mais sans toutefois avoir la présence d'esprit de se rendre maître du central téléphonique, ce

---

348 *Ibid.*

349 Rapport du commandant von Imhoff, de la police d'Etat bavaroise, du 15 novembre 1923. Dossier XI.

qu'ils ne firent qu'une bonne heure plus tard, ce qui laissa amplement le temps aux autorités de demander le renfort d'autres unités basées en province. Mais, sur le terrain la situation n'était pas complètement en main et peu à peu les événements tournèrent en défaveur des putschistes. En effet, les bâtiments de la radio et du télégraphe n'étaient pas sous contrôle, mais surtout le soutien tant espéré des soldats n'était pas au rendez-vous. Les hommes du *Bund Oberland* ne parvinrent jamais de ce fait à se saisir des armes nécessaires. Des négociations s'engagèrent avec l'homme de confiance de Hermann Kriebel, le commandant du *Kampfbund*, mais elles demeurèrent vaines. Croyant parvenir à débloquer la situation, Hitler décida alors de quitter la *Bürgerbräukeller* afin de mener lui-même les négociations.

Ce départ fut la plus grave erreur d'appréciation commise par Hitler cette nuit-là. Il laissa le commandement de la salle à Ludendorff. Mais, non seulement Hitler échoua lui aussi dans la négociation pour les armes, mais en plus Ludendorff commis l'erreur incroyable de laisser sortir le triumvirat sur la seule foi de leur parole. Les membres du gouvernement bavarois qui étaient présents dans la salle ce soir-là, Knilling, Franz Schweyer (1868-1935) et le préfet de police Mantel furent placés en détention. Lorsque Hitler quitta le *Wehrkreiskommando* pour rejoindre à nouveau la *Bürgerbräukeller*, il déclara à Ulrich Graf : « Les choses semblent prendre un tour très grave[350]. »

A 22h 30, Lossow se rendit à la rencontre du général von Danner (1865-1942), commandant de la garnison de Munich,qui lui fit part de la réalité de la

350 Témoignage de Graf, IfZ, ZS 282/52, 63.

situation sur le terrain[351]. Le lieutenant-colonel von Saur se joignit à eux et fit la description à Lossow des mesures déjà prises pour contrecarrer le putsch[352]. Lossow se trouva alors face à une situation difficile. Devait-il œuvrer en faveur des putschistes comme il en avait fait la promesse à Hitler et Ludendorff ou devait-il tout faire pour barrer la route aux putschistes comme ses subordonnés l'y invitaient ? Lossow choisit la solution d'attente. Voir qui allait s'imposer sur le terrain et rejoindre le camp des vainqueurs en opportuniste.

De son côté, Kahr regagna son domicile et contrairement à ce qu'il affirma plus tard, il n'avait pas dès 23 heures, lorsque Frick et Pöhner se présentèrent à son domicile, tourné le dos aux putschistes. Lui aussi choisit d'adopter une position attentiste. Voici la version de Kahr des événements qui suivirent son départ de la *Bürgerbräukeller* :

« […] Pöhner pensait que je devais faire afficher un appel à la population pendant la nuit. Je refusai en disant que Hitler avait déclaré […] :« Je prends la responsabilité des affiches, c'est moi qui ai fait toute l'affaire. » Alors Pöhner proposa d'informer les préfets. Je répondis que les premiers pas dans cette direction avaient déjà été faits. Pöhner demanda alors quand il pourrait venir pour établir la liste ministérielle. Je lui proposai vendredi matin à 9h30. Pour terminer, je fis observer aux deux messieurs que l'entreprise de Hitler ne me paraissait pas très prometteuse, d'autant plus que je savais selon des informations précises et récentes, que si le nom de Ludendorff était fréquemment avancé dans les milieux nationaux de

---

351 Georges BONNIN, *Le Putsch de Hitler à Munich en 1923*, *opus cit.*, p.109.
352 *Ibid.*

l'Allemagne du Nord [...] Hitler par contre était brutalement refusé par ces milieux comme dictateur[353] [...] »

Finalement, aux alentours de minuit, les putschistes se réunirent à l'intérieur du district militaire. Ils croyaient encore fermement à la réussite de leur entreprise. Mais au même instant, l'échec du putsch était en train de s'écrire. En effet, les troupes des putschistes ne parvinrent pas à entrer dans le bureau de Kahr protégé par des policiers fidèles à leur chef. Vers 1 heure du matin, Kahr parvint ensuite à retrouver Lossow et Seisser au sein de la caserne du 19e régiment d'infanterie d'où ils échafaudèrent des plans pour mener à bien la contre-révolution. Déjà, le général Aechter, chef militaire du groupe *Oberland* avait été placé aux arrêts et ses hommes désarmés[354]. Dès leur départ de la *Bürgerbräukeller*, les membres du triumvirat prévinrent le général Jakob von Danner du déroulement des événements. Celui-ci alerta immédiatement le commandant en chef Hans von Seeckt qui ordonna la répression instantanée et implacable du putsch.

Le triumvirat se désolidarisa donc finalement d'Hitler et affirma n'avoir agi que sous la contrainte des armes. Des troupes se mirent en marche d'Augsbourg, d'Ingolstadt, de Regensburg afin de remettre de l'ordre à Munich. A 2h55 du matin, Kahr, Lossow et Seisser

---

353 Note de Gustav von Kahr, non datée, mais sans doute rédigée en décembre 1923, au sujet du mémoire Lossow relatif aux événements du putsch. HStA, Mü., Allg. StA, *Generalstaatskommissar* 3. pp.53-57.

354 Georges BONNIN, *Le Putsch de Hitler à Munich en 1923*, *opus cit.*, p.110.

rédigèrent un communiqué commun depuis la caserne du 19e régiment d'infanterie d'Oberwiesenfeld où ils s'étaient réfugiés. La radio diffusa le message suivant :

« A toutes les stations allemandes ! Le *Generalstaatskommissar* von Kahr, le Général von Lossow, le Colonel von Seisser rejettent le putsch de Hitler. La prise de position arrachée par la force des armes à la *Bürgerbräukeller* est sans valeur. La méfiance s'impose contre l'usage abusif des noms des personnes mentionnées ci-dessus[355]. »

Pourquoi le triumvirat choisit-il de se désolidariser du putsch, après un temps d'hésitation ? Georges Bonnin avance l'hypothèse, sans toutefois pouvoir apporter de documents irréfutables pour étayer ses affirmations, que le triumvirat prit sa décision après un échange téléphonique avec Hans von Seeckt[356]. Ce dernier venait d'obtenir, après la réunion d'un cabinet de crise suite à la nouvelle du putsch de Munich, le pouvoir exécutif pour l'ensemble du *Reich*[357]. Il n'était donc pas envisageable pour lui de soutenir les événements de Munich. Toujours d'après Georges Bonnin, après avoir obtenu des assurances personnelles, les trois hommes décidèrent de choisir l'option Seeckt. La théorie de Georges Bonnin semble tout à fait plausible.

Le témoignage du lieutenant-colonel Endres présent sur les lieux apporte un éclairage sur l'évolution des événements après la diffusion du message radio :

---

355 Harold J.GORDON, *Hitler and the Beer Hall Putsch, opus cit.*

356 Georges BONNIN, *Le Putsch de Hitler à Munich en 1923*, *opus cit.*, p.111.

357 Friedrich von RABENAU, *Seeckt. Aus seinem Leben 1918–1936*, unter Verwendung des schriftlichen Nachlasses im Auftrage von Frau Dorothee von Seeckt, Leipzig 1940, vol2, pp.373-376.

« [...] Je me trouvais avec von Lossow et von Kahr dans une pièce de la caserne du 19e régiment d'infanterie. Déjà, les ordres nécessaires avaient été portés aux différentes unités à Kempten, Lindau, Landsberg, Passau, Augsbourg et Ingolstadt. Elles devaient se diriger en toute hâte sur Munich par chemin de fer pour écraser le putsch de Hitler. Alors apparut dans la pièce le colonel Leupold, chef adjoint de l'école d'infanterie. Il arrivait directement de la *Bürgerbräukeller.* Le général von Lossow demanda avec insistance: « Est-ce que Hitler sait que la *Reichswehr* est contre lui ? » Leupold répondit oui, quoi que pour moi personnellement ce ne fut pas très convaincant. En fait, je savais que le colonel Leupold était pro-nazi. Von Kahr voulait absolument que la situation soit entièrement clarifiée. Von Lossow ordonna donc à Leupold : « Vous retournez maintenant voir Hitler [...] et l'informez personnellement du fait que nous sommes contre lui. Il faut qu'il sache où il en est[358] [...] » »

Hitler prétendit lors de son procès n'avoir été averti personnellement du retournement du triumvirat que vers 8 heures du matin, mais il le fut plus certainement dès 5 heures par Leupold[359].

Les putschistes se trouvaient encore au siège du district militaire lorsqu'ils entendirent sur les ondes le communiqué du triumvirat. Sentant que les choses prenaient une mauvaise tournure, Hitler intima l'ordre à Pöhner de se rendre maître du QG de la police avec des hommes du *Bund Oberland.* Mais l'opération échoua et Pöhner qui avait agi sans aide autre que celle d'un seul officier fut placé en détention sur le champ. Les hommes du *Bund Oberland* ne parvinrent pas à prendre le contrôle

358 Mémoire Endres. pp.47-48.
359 Ernst DEUERLEIN, *Der Hitler-Putsch, 8./9. Nov. 1923, opus cit.*, p.198.

de la caserne du 19e régiment d'infanterie et à récupérer des armes[360]. Le même échec se trouva répété à la caserne du génie[361]. Les putschistes quittèrent ensuite le siège du district militaire et regagnèrent la *Bürgerbräukeller* où tout avait commencé quelques heures auparavant. La salle était toujours occupée par des hommes de la SA et du *Bund Oberland*. Les principaux responsables du putsch firent le point sur une situation désormais fort compromise. Pourtant, Hitler ne se laissait pas abattre et continuait à espérer à la victoire. Il envoya des hommes pour essayer de libérer Pöhner et envisagea d'envoyer d'autres hommes pour se procurer de l'argent, des billets neufs qu'il entendait réquisitionner. Les discussions étaient enflammées. Gregor Strasser (1892-1934) rejoignit Hitler, Ludendorff, Kriebel, Scheubner-Richter et Göring peu avant l'aube. La nuit était glaciale et la neige commençait à recouvrir les rues de Munich. Au petit matin, des affiches placardées dans la nuit indiquaient aux passants matinaux qu'Hitler était désormais le nouveau chancelier du *Reich*[362].

A huit heures du matin, Hitler intima à un groupe de SA de se procurer plusieurs milliards de marks[363] à la sortie de l'imprimerie dans le but de payer les hommes engagés dans l'action[364]. Les putschistes furent rémunérés à hauteur de deux milliards de marks chacun[365].

---

360 Georges BONNIN, *Le Putsch de Hitler à Munich en 1923*, *opus cit.*, p.102-106.

361 *Ibid.*

362 Ian KERSHAW, *Hitler*, *opus cit.*, p.315.

363 En janvier 1919, 1 mark « papier » valait 1,3 mark en or ; en décembre 1921, ce rapport était d'un pour 46 ; en août 1923, d'un pour un trillion.

364 Harold J.GORDON, *Hitler and the Beer Hall Putsch*, *opus cit.*, p.333

365 Ian KERSHAW, *Hitler*, *opus cit.*, p.931.

Les discussions reprirent aux alentours de 11 heures du matin à l'étage de la *Bürgerbräukeller.* Des idées étaient lancées par chacun des putschistes, mais il leur était difficile de dégager une position commune tenable. Certains comme Göring ou Kreibel jugeaient préférable de battre en retraite vers Rosenheim à deux pas de la frontière autrichienne, alors que d'autres, comme Ludendorff n'envisageaient pas un seul instant de faire un pas en arrière et de « s'enliser dans un obscur chemin de campagne. ». Alors que chacun essayait de gagner les autres à sa cause, Hitler ne savait que faire tandis que les mauvaises nouvelles s'accumulaient. En effet, on venait d'apprendre soudain que Röhm se retrouvait encerclé par des hommes de la *Reichswehr* arrivés d'Augsbourg et par la police. Franz von Epp et Jakob von Danner demandèrent la reddition de Röhm, mais celui-ci ne voulu rien faire sans un ordre clair de Ludendorff[366].

Il n'y avait plus guère d'échappatoires possibles pour les putschistes. Ce fut alors, au moment le plus désespéré, que Ludendorff proposa de tenter un coup de force et de marcher vers Röhm afin de lui porter secours. Hitler rebondit sur les paroles du général et déclara qu'avec le soutien du peuple il serait possible de marcher sur la ville et que jamais Kahr, Lossow et Seisser n'oseraient tirer sur la foule. D'après le témoignage de Mathilde Ludendorff, l'épouse du général, la marche n'était qu'une manière de jauger dans quelle mesure la population bavaroise approuvait ou non le renversement de la République et la restauration de la monarchie[367]. Pour

---

366 Georges BONNIN, *Le Putsch de Hitler à Munich en 1923*, *opus cit.*, pp 124-127.

367 Harold J.GORDON, *Hitler and the Beer Hall Putsch*, Princeton 1972, p.350.

le lieutenant-colonel Theodor Endres, il était plutôt question de se servir de Ludendorff pour gagner la *Reichswehr* à la cause du putsch[368].

Dans la précipitation, il fut donc décidé à 11h30 de se rendre en cortège de la *Bürgerbräukeller* vers le centre-ville et l'état-major régional de la *Reichwehr*, sur la Ludwigstrasse. Un camion de la SA armé d'une mitrailleuse et recouvert d'un drapeau à svastika fut placé en tête. Derrière ce camion prirent place Hitler vêtu de son imperméable et la tête recouverte d'un chapeau de velours, à sa gauche se trouvait le général Erich Ludendorff et à sa droite Max Erwin Scheubner-Richter[369]. De chaque côté se trouvaient Hermann Kriebel, Ulrich Graf, Hermann Göring, Alfred Rosenberg, Julius Streicher (1885-1946), Friedrich Weber[370]. Derrière se tenaient Heinz Pernet, Johann Aigner, Gottfried Feder, Theodor von der Pfordten[371], Wilhelm Kolb, Rolf Reiner, Hans Streck, Heinrich Bennecke, Kurt Neubauer[372]. Se joignirent à eux des hommes du *Stosstrupp* (troupes de choc), de la SA et du *Bund Oberland*, qui avançaient en colonnes de quatre armés de pistolets, de fusils et de grenades. Ils étaient suivis par des cadets de l'école d'infanterie qui tenaient en

---

368 BHStA, Abt. IV, HS-925, Theodor Endres, « Aufzeichnungen », p.51.

369 John DORNBERG, *Hitlers Marsch zur Feldherrnhalle. München, 8. und 9 . November 1923,* München, Langen Müller 1998.

370 *Ibid.*

371 Un texte d'une nouvelle Constitution fut retrouvé dans la poche de Theodor von der Pfordten après sa mort pendant la fusillade, mais ce texte fut passé sous silence par le tribunal lors du procès d'Hitler en 1924. Otto GRITSCHNEDER, *Bewährungsfrist für den Terroristen Adolf Hitler. Der Hitler-putsch und die Bayerische Justiz*, München 1990.

372 John DORNBERG, *Hitlers Marsch zur Feldherrnhalle. München, 8. und 9 . November 1923, opus cit.*

main des fusils avec leurs baïonnettes au canon. Ensuite se trouvaient un mélange d'étudiants, d'artisans, de commerçants, d'ouvriers et de quelques notables.

Le cortège aux couleurs de la NSDAP et de sa croix gammée regroupait environ 2000 hommes décidés à en découdre et parmi eux le jeune Heinrich Himmler (1900-1945) alors simple porte drapeau de la *Reichskriegsflagge*[373].

L'étrange cortège avança sur la Rosenheimerstrasse et arriva rapidement sur le pont Ludwigsbrücke. Quelques policiers en empêchaient l'accès mais ils ne résistèrent que symboliquement à l'avancée du cortège qui traversa l'Isar et gagna dans la foulée la Zweibrückenstrasse. Aux alentours de 12h30, le cortège se présenta sur la Marienplatz. De nombreux Munichois manifestaient leurs encouragements aux putschistes et certains rejoignirent même le cortège. Peu après la Marienplatz, les événements s'accélérèrent. Le camion fut dépassé par les premiers éléments du cortège et, après une courte hésitation, les putschistes s'engagèrent à la suite de Ludendorff dans la Weinstrasse vers l'Odeonsplatz. La Theatinerstrasse étant barrée par la police, le cortège bifurqua à droite par la Perusastrasse et gagna ensuite la Residenzstrasse où la tragédie se déroula. Cette rue étroite qui s'ouvrait entre les bâtiments dressés de chaque côté et où il était impossible d'avancer à plus de huit de front était bloquée à son extrémité, face à la *Feldherrnhalle*[374] (loggia qui délimite

373 Peter LONGERICH, *Heinrich Himmler : biographie*, Berlin, Pantheon Verlag 2010. Heinrich Himmler ne fut pas poursuivi par la justice en raison de ses faibles responsabilités au moment des faits.

374 La *Feldherrnhalle* fut construite de 1841 à 1844 par Friedrich von Gärtner selon le désir de Louis 1er de Bavière. Lorsque Hitler arriva au pouvoir, il fit installer sur l'édifice une plaque qui portait les noms des putschistes morts en novembre 1923. Il fut dès lors imposé à tous de

l'extrémité sud de l'Odeonsplatz), par une compagnie de la police placée sous le commandement du lieutenant Michael Freiherr von Godin[375] (1896-1982) qui avait reçu des ordres très précis de Seisser : empêcher absolument l'avancée du cortège vers l'Odeonsplatz. Les putschistes se figèrent à la vue du cordon de policiers en armes. Ulrich Graf fut le premier à réagir, il s'avança en direction des policiers en leur demandant de ne pas faire usage de leurs armes et en précisant que le général Ludendorff était en tête du cortège. De son côté, Hitler leur demanda de déposer les armes et de laisser poursuivre sa route au cortège.

Soudain, un coup de feu retentit au cœur de la Residenzstrasse. L'origine de ce coup de feu ne fut jamais réellement identifiée, mais il est très probable qu'il fut tiré par un membre du cortège putschiste. La police répliqua sur le champ et tira sur les hommes placés sur le devant du cortège. Certains plongèrent sur la chaussée pour échapper aux balles mais d'autres ne purent les éviter. L'échange nourri fut bref, à peine une trentaine de secondes, mais le bilan fut très lourd. En effet, on releva dix-huit morts : quatorze putschistes (dont cinq membres de la *Stosstruppe*, la garde rapprochée d'Hitler) et quatre policiers. Au cours de la fusillade, Scheubner-Richter fut touché à la tête et fit chuter Hitler qui se trouvait à ses côtés[376]. Hitler ne fut pas blessé par les balles de la police

---

faire le salut nazi à chaque passage devant l'édifice. De nombreuses personnes choisirent alors de contourner la *Feldherrnhalle* afin de ne pas exécuter le salut hitlérien. La plaque fut enlevée par les Américains en 1945.

375 Michael von Godin fut enfermé à Dachau en 1934 pendant quelques semaines. Il s'exila en Suisse en 1938.

376 Certaines sources disent qu'Hitler se jeta à terre lors des coups de feu. Cette présentation des événements est erronée. Hitler fut entraîné

et s'en sortit avec une épaule démise. Ulrich Graf qui s'était précipité devant Hitler dès le début des tirs fut criblé de balles. Pas moins de onze balles lui traversèrent le corps, mais il survécut à ses blessures. Andreas Bauriedl[377] (1879-1923), touché à l'abdomen, aspergea de son sang le drapeau nazi que tenait à ses côtés Heinrich Wilhelm Trambauer (1899-1942) et donna ainsi naissance à la légende du fameux *Blutfahne*[378] nazi (drapeau sanglant). Göring fut touché à la cuisse et parvint à quitter le théâtre de la fusillade grâce à l'aide de Robert Ballin, un marchand de meubles juif[379] qui le tira jusque dans la cour du 25 Residenzstrasse. Erich Ludendorff ne fut pas touché et continua même à avancer droit devant malgré le feu nourri des policiers qui finalement lui ouvrirent le passage.

Ainsi s'acheva, dans le sang, la marche des putschistes. Le triumvirat et Seeckt avaient mis fin à la révolution et remportait une victoire totale mais qui allait s'avérer éphémère. Emil Klein, jeune membre de la SA, décrivit l'état d'esprit des participants au cortège ce jour là :

« Ce jour là, au cours de cette marche nous étions rayonnants. Mais quand nous débouchâmes dans la

au sol par la chute de Scheubner-Richter. Il ne s'agit pas ici de démontrer ou non le « courage » d'Hitler mais de présenter la version réelle des faits.

377 Andreas Bauriedl était chapelier de métier. Son corps fut inhumé par les nazis dans une crypte munichoise à l'occasion d'une cérémonie commémorative du putsch.

378 Le *Blutfahne* était une relique sacrée pour les nazis. Voir en annexes.

379 Didier CHAUVET, *Le nazisme et les juifs: caractères, méthodes et étapes de la politique nazie d'exclusion et d'extermination*, Paris, L'Harmattan 2011. Robert Ballin fut épargné plus tard par Göring lors des vagues de déportations.

Maximilianstrasse, et tandis que j'arrivai à l'angle de la Résidence [le palais des anciens rois de Bavière], nous entendîmes des coups de feu devant nous [...] vous m'avez demandé quels sentiments j'ai ressentis [...] J'aimerais vous dire que ce furent là en fait mes toutes premières émotions politiques. La façon dont les choses peuvent mal tourner. En soi, cela fut un coup pour moi et pour beaucoup de mes camarades[380] [...] »

Hans Frank (1900-1946), très haut dignitaire nazi, participa également dans sa jeunesse aux événements liés au putsch. Il revint sur ces journées lors d'un entretien avec le psychiatre Leon Goldensohn dans sa cellule de Nuremberg en 1946 :

« A l'époque, le national-socialisme enflammait les gens parce qu'ils avaient le sentiment qu'un gouvernement nouveau, libre, se profilait et que l'Allemagne se relèverait. Le général Erich Ludendorff se trouvait avec Hitler et marchait à ses côtés. C'est à cause de la présence de Ludendorff que nous autres, membres du corps franc von Epp, y avons participé. On se disait que ce devait être une bonne chose si le respectable Ludendorff était là. Je me souviens encore de Göring à la porte de la *Bürgerbräukeller*, nous expliquant : « Nous pouvons vous utiliser. » On nous donna des armes et, avec les autres, nous allâmes de caserne en caserne. Régnait alors une véritable atmosphère révolutionnaire. Nous restâmes toute la nuit debout, sûrs du succès. Le lendemain 9 novembre, à midi, il y eut des affrontements armés[381] [...] »

---

380 Témoignage d'Emil Klein cité dans, Laurence REES, *Ils ont vécu sous le nazisme*, Paris, Perrin 2008, p.31.
381 Entretien de Hans Frank avec Leon Goldensohn à Nuremberg, le 16 mars 1946. Leon GOLDENSOHN, *Les entretiens de Nuremberg*, Paris, Flammarion 2005, p.69.

Un témoin présent à la *Feldherrnhalle* au moment de l'arrivée du cortège se présenta à la police et raconta le déroulement des faits. Ce récit qui émane d'un homme qui n'appartenait pas aux groupes qui composaient le cortège et qui fut recueilli dès le lendemain des événements semble empreint de neutralité et ne pas être enjolivé dans un sens ou dans l'autre et de ce fait parait d'une grande crédibilité :

« Le 9 novembre 1923, à 12 heures 30 minutes, j'allais du magasin de la Rosental à la Schönfeldstrasse en passant par la Marienplatz, la Theatinerstrasse et l'Odeonsplatz. […] mon attention fut attirée par le défilé de Hitler qui approchait venant de la Marienplatz par la Weinstrasse. […] A la Theatinerstrasse, au coin de la *Feldherrnhalle*, il y avait un barrage de la police verte[382], qui me laissa passer sans difficulté. L'Odeonsplatz était presque vide de passants. Je contournai la *Feldherrnhalle* en direction de la Residenzstrasse et j'attendis le défilé qui arrivait en chantant. Dans la Residenzstrasse, à la Hofapotheke (Pharmacie), il y avait également un barrage de police en travers de la rue. Lorsque le défilé de Hitler approcha, ce barrage de police fit signe d'arrêter en agitant les bras et aussi en criant . […] De la tête du cortège de Hitler, j'entendis les cris: « Laissez passer! Ne tirez pas! Nous ne tirerons pas non plus! » Cependant, le cortège s'approchait du barrage de police et ceux du cortège de Hitler qui étaient devant écartaient de leurs bras le barrage, de telle sorte que les hommes du barrage se mêlaient à la tête du cortège. Jusque là, il n'y avait pas eu de coup de feu. Soudain, un homme du barrage de la Theatinerstrasse vint en courant vers la Residenzstrasse et vit que le cortège de Hitler écartait le barrage de police. Il retourna aussitôt en courant et ramena d'autres hommes. […] Tandis que les hommes traversaient l'Odeonsplatz en courant, j'entendis le commandement : « Armer! » et aussitôt après, alors que les

382 La police verte: police d'état bavaroise.

premiers tournaient le coin, les premiers coups de feu partirent du côté de ces hommes dans l'épaisse masse humaine. Immédiatement commencèrent les coups de feu venant de l'Odeonsplatz. Je ne pus me rendre compte exactement s'ils venaient de l'auto blindée ou des emplacements de mitrailleuse à la Briennerstrasse ou à la Hofgartentor. Mes regards étaient dirigés avant tout sur le cortège de Hitler. Une partie du cortège se jeta à terre ou recula en hâte pour se pousser dans la Preysingstrasse. Je ne pus non plus me rendre compte si on tira du côté du défilé de Hitler. Comme je pensais que l'on continuerait à tirer, je me rendis à la *Feldherrnhalle* pour me mettre en sûreté et j'observai de là-haut. A la *Feldherrnhalle*, il y avait deux soldats qui tiraient d'en haut sur le défilé. Les deux hommes continuaient toujours à tirer alors qu'en bas on avait cessé de tirer. Je descendis de la *Feldherrnhalle* pour aider à ramasser les morts et les blessés, mais je fus écarté par un soldat. [...] En terminant, je voudrais faire observer que je n'appartiens à aucun parti ni à aucune organisation et que mes déclarations sont complètement impartiales[383].[...] »

Du côté du bâtiment de la région militaire occupé par Röhm et ses hommes, la situation évolua à la mi-journée. Finalement, suite à l'échec des putschistes à la *Feldherrnhalle*, Ernst Röhm se résigna à se rendre à la condition que ses hommes, une fois désarmés, puissent sortir avec les honneurs militaires. De fait, Röhm fut le seul à être placé immédiatement en détention. Theodor Endres, lieutenant-colonel et 1er officier de l'état-major général sous la responsabilité de Otto von Lossow, au *Wehrkreiskommando* VII, coucha dans ses mémoires les circonstances de la reddition de Röhm :

---

383 Munich, 10 novembre 1923. M. Kollmanseder. Leutnant zur See a. D. Bayerstrasse 55. IV. Bundesarchiv; NS 26; 116.

« Vers midi, le général von Lossow donna l'ordre au général von Danner de prendre le bâtiment de la région militaire. Celui-ci se rendit avec son propre état-major dans une pièce de l'ancienne Türkenkaserne [...] Des renforts d'Augsbourg étaient déjà arrivés. La 2e compagnie du 19e régiment d'infanterie sous les ordres du lieutenant Braun et une compagnie du génie furent amenées de la Kaulbachstrasse ; d'autres éléments du 19e régiment d'infanterie renforcés de pièces d'artillerie [...] furent mis en position dans la Theresienstrasse et dans la Von der Tann Strasse contre Röhm qui était dans le bâtiment de la région militaire. [...] Soudain, le général von Epp, qui était à la retraite, s'avança en civil à travers la rue [...] la main droite levée, pour négocier à la dernière minute. [...] C'est à lui que revient le mérite de la négociation, pas au lieutenant-colonel Hofmann [...] Lorsque je vis le général von Epp disparaître dans le bâtiment de la région militaire, je me rendis moi-même aussitôt à la Türkenkaserne pour en informer le général von Danner. Peu après, le général von Epp apparut amenant avec lui le capitaine Röhm en uniforme. Alors se déroula une scène hautement dramatique... Dans la pièce, il y avait peut-être 10 officiers de tous rangs. Le général von Epp se dirigea sur le général von Danner [...] et lui déclara que pour éviter l'effusion de sang, il avait amené ici le capitaine Röhm lui-même pour négocier. Le général von Danner [...] se tourna vers Röhm avec à peu près ces mots: « Ici, on ne négocie plus [...] vous savez que vous êtes encerclé par les forces supérieures de la *Reichswehr*. Nous passerons à l'attaque si vous ne déposez pas les armes immédiatement. Vous porterez l'entière responsabilité si le sang coule. » Le capitaine Röhm répondit : « J'ai reçu du général Ludendorff l'ordre d'occuper le bâtiment de la région militaire. En tant que soldat, je ne peux pas l'évacuer si le général Ludendorff ne me délie pas de cet ordre. » Danner répliqua : « Le général Ludendorff n'a pas à vous donner d'ordres. » Et à nouveau Röhm : « Je demande que l'on envoie quelqu'un auprès du général Ludendorff, afin qu'il lève cet ordre. »

A ce moment, un officier de la police porte la nouvelle reçue par téléphone de la fusillade de la *Feldherrnhalle*, le général Ludendorff serait tué ou prisonnier. Grande agitation parmi ceux qui étaient là !... La tension [...] s'apaisa lorsqu'au bout de quelques minutes une autre nouvelle arriva selon laquelle la tentative de secourir les assiégés avait été repoussée et que le général Ludendorff, qui n'était pas blessé, était prisonnier de la police. Alors, le général von Danner facilita la décision de Röhm en lui concédant que ses partisans pourraient se retirer avec les honneurs de la guerre, après avoir déposé leurs armes. Lui-même [Ernst Röhm], en tant que chef, aurait à se mettre à sa disposition et serait arrêté[384]. [...] »

Quelques coups de feu éclatèrent quand même entre les putschistes et la *Reichswehr*. Un soldat fut blessé et Theodor Casella (1900-1923) et Martin Faust (1901-1923), deux membres du *Reichskriegsflagge* furent abattus[385]. Ensuite, le calme revint rapidement et l'accord conclu entre Danner et Röhm entra en application.

Aux abords de la Residenzstrasse, dans la cohue qui suivit les coups de feu, Adolf Hitler, avec son épaule démise, parvint cependant à ramper jusqu'à une voiture stationnée non loin. Le docteur Walter Schultz lui donna alors quelques soins. Ensuite, Hitler monta à bord de la voiture d'Alois Frankel, un infirmier qui suivait le cortège et, en compagnie d'un enfant blessé, du docteur Schultz et d'un chauffeur, ils s'éloignèrent de la *Feldherrnhalle*. Alois Frankel témoigna des événements survenus alors :

« [...] Comme on tirait sur notre auto, le *Führer* insistait pour partir [...] Le *Führer* me dit de me baisser dans

384 Mémoire de Theodor Endres, pp. 50-53.

385 Georges BONNIN, *Le Putsch de Hitler à Munich en 1923*, *opus cit.*, p.127.

l'auto pour me mettre à l'abri des balles. Aussitôt après, nous avons démarré, le *Führer* devant avec le chauffeur, moi et le docteur Schultz derrière avec le garçon. Nous sommes allés de la Max-Joseph Platz à la Marienplatz, mais là aussi nous avons essuyé des coups de feu. Nous sommes allés alors à l'Isarthorplatz, où sur l'ordre du *Führer* le garçon fut remis à un jeune médecin et ramené à la maison de ses parents [...] Nous avons alors zigzagué à travers la ville et au bout d'une demi-heure nous étions en sécurité. [...] Après avoir passé la ville de Weilheim, nous avons eu une panne d'essence [...] Nous étions alors dans une situation difficile. [...] Le chauffeur fut envoyé à Huglfing chercher de l'essence [...] Nous nous sommes rendus ensuite à la villa du Dr Hanfstängl à Uffing [...] Lorsque le *Führer* demanda à entrer, il nous fut immédiatement ouvert [...] Au bout d'une heure, le docteur Schultz voulut remettre en place l'épaule disloquée du *Führer*, mais il n'y réussit pas. Je dus alors l'assister[386]. »

Pendant son séjour chez les Hanfstängl, Hitler fut en proie à une profonde déprime. Frankel se résolu même à cacher l'arme de Hitler afin d'éviter qu'il ne la retourne contre lui et ne mette fin à ses jours. Finalement, Hitler fut arrêté le 11 novembre dans l'après midi suite à une dénonciation anonyme. La personne qui renseigna la police ne fut jamais identifiée.

Le lendemain du putsch, le gouvernement allemand fit publier dans la presse un communiqué au sujet de l'action de Hitler à Munich :

« Au peuple allemand !

En ce moment de grande détresse pour notre politique extérieure, des illuminés se sont mis à l'œuvre pour casser le *Reich* allemand. A Munich, une horde armée a renversé le

386 Note d'Alois Frankel, non datée, Bundesarchiv, NS 26, 115.

gouvernement bavarois, a arrêté le ministre-président bavarois von Knilling et s'est arrogé le droit de former un gouvernement national, désignant le général Ludendorff comme prétendu commandant de l'armée allemande, et monsieur Hitler, qui a acquis la nationalité allemande depuis peu, comme chef des destinées de l'Allemagne. Il ne faut aucune instruction pour que ces décisions issues d'un coup d'État soient nulles et non avenues. Celui qui soutient ces mouvements se rend coupable de haute trahison envers son pays. Au lieu d'aider nos frères en Rhénanie et en Ruhr qui luttent pour l'Allemagne, on renverse l'Allemagne dans le malheur, on compromet son alimentation, on nous amène le danger d'une invasion ennemie et on détruit toute perspective de rétablissement économique. Les dernières mesures du gouvernement dans le domaine de la politique monétaire ont permis que la valeur du Mark soit améliorée et soit multipliée à l'étranger au cours des dernières vingt-quatre heures. Si la folle manière d'agir tentée à Munich a du succès, à quoi cela sert-il ?

A l'heure où se joue le destin du peuple et de l'Empire allemand, nous prions tous les amis de la patrie de s'employer à la conservation de l'unité nationale, de l'ordre et de la liberté allemande. Toutes les mesures pour la mise en échec du coup d'État et la restauration de l'ordre en place sont réalisées avec une énergie sans égard contre les putschistes.

Le Président Ebert et le Chancelier Stresemann[387]. »

La NSDAP fut dissoute à l'issue de ce putsch avorté, mais elle réapparut assez rapidement dans l'horizon politique allemand. Le mouvement national-socialiste de la liberté allemande (*Nationalsozialistische Freiheitsbewegung*) se substitua à la NSDAP et, conduit par Erich Ludendorff et Gregor Strasser, obtint 2 millions de voix et

387 *Nordwestdeutsche Zeitung* du 9 novembre 1923 (traduction du docteur Alexandre Niess).

32 sièges de députés lors des élections qui se déroulèrent au printemps 1924.

Le putsch de la brasserie avait été un fiasco, mais les suites de ces deux jours d'agitation allaient encore alimenter la chronique et permettre à Hitler de rebondir dans des conditions particulièrement contestables et grâce à des soutiens qui ne reculèrent devant rien pour servir sa cause. En vérité, le putsch d'Hitler ne fut pas seulement une césure en Bavière mais dans tout le pays. Comme le souligne avec une grande justesse l'historien Heinrich A. Winkler :

> « Les événements du 8 novembre discréditèrent durablement les projets « sérieux » de dictature de Kahr et de ses alliés, et ébranlèrent considérablement l'autorité du commissaire général. Mais une révolution nationale n'était guère concevable en Allemagne sans le soutien énergique des hommes au pouvoir en Bavière. Le putsch d'Hitler aboutit donc au résultat inverse de celui qu'il recherchait : le « *Führer* » des nationaux-socialistes contribua largement à consolider la République gravement menacée[388]. »

---

388 Heinrich A. WINKLER, *Histoire de l'Allemagne*, *Opus cit.*, p.374.

III

LE PROCES D'HITLER

A la suite du putsch de la brasserie, les organisations qui composaient le *Kampfbund* furent dissoutes et le triumvirat Kahr, Lossow et Seisser quitta le pouvoir le 18 février 1924. Le gouvernement bavarois était désormais dirigé par le Dr Heinrich Held[389] (1868-1938), membre du BVP, et les organisations paramilitaires virent leur audience décliner.

En vertu de l'article 13 de la loi du 21 juillet 1922 pour la protection de la République, la *Staatsgerichtshof* (Haute Cour) placée sous l'égide de la *Reichsgericht* (Cour suprême) de Leipzig était compétente dans les affaires de haute trahison. Néanmoins, le gouvernement bavarois avait décidé de ne pas reconnaître son autorité judiciaire et avait pris des décrets qui instituaient des Tribunaux du peuple (*Volksgerichte*) du ressort de la Bavière pour ce type d'accusation. Mais, en regard de la Constitution du *Reich* de 1919, la législation du *Reich* se plaçait au-dessus des lois des régions. Cependant, bien que dans la plus absolue illégalité, la Bavière persista et décida de passer outre. Le gouvernement du *Reich* aurait pu utiliser la force mais il s'y refusa. Hitler, lui, était plutôt favorable à la tenue d'un procès à Leipzig, car il estimait alors que la cour bavaroise risquait d'être trop favorable au triumvirat, ce qui finalement ne fut pas le cas. Hitler déclarait à l'époque :

« A Leipzig, divers messieurs se présenteraient peut-être encore au tribunal en témoins, mais ils en sortiraient

389 Heinrich Held était l'un des membres fondateurs du BVP. Il fut le candidat de ce parti lors de l'élection présidentielle de 1925. Les nazis décidèrent de l'exclure en 1933 de son poste de ministre-président de Bavière.

certainement prisonniers. A Munich, naturellement, il n'en sera rien[390]. »

Après une période d'abattement suite à son arrestation, Hitler se montra ensuite très combatif et très offensif. Il fut emprisonné dans la cellule 7 de la prison de Landsberg qui était jusqu'alors occupée par le comte Anton von Arco auf Valley qui avait assassiné Kurt Eisner. Plus tard, Adolf Hitler côtoya sur les bancs des accusés Erich Ludendorff, Wilhelm Frick, Ernst Pöhner, Friedrich Weber, Ernst Röhm et Hermann Kriebel. Les lieutenants Wilhelm Brückner, Heinz Pernet et Robert Wagner étaient également inculpés, mais leurs statures n'avaient rien à voir avec celles des autres accusés. Cependant, le principal acteur du putsch aux yeux de la justice était bel et bien Hitler. Le procès du putsch de la brasserie s'ouvrit le 26 février 1924 dans les locaux de l'ancienne école d'infanterie de la Blutenburgstrasse. Hitler obtint l'autorisation de revêtir un costume au lieu de sa tenue de détenu et accrocha sa Croix de fer bien en évidence. Le procès commença sous des auspices bien particulières car le juge Georg Neithardt[391], admirateur de Ludendorff, se permit de substituer le procès-verbal du premier interrogatoire de Ludendorff par un autre nettement plus favorable au général en vue de son acquittement[392]. Le procès servit de tribune idéale à Hitler pour promouvoir

---

390 Ian KERSHAW, *Hitler, opus cit.*, p.325.

391 Le juge Neithardt avait été nommé par le ministre de la Justice bavaroise Franz Gürtner, connu pour ses penchants réactionnaires et nationalistes. Nommé ministre de la Justice par Franz von Papen en 1932, il le restera sous le troisième *Reich* jusqu'à sa mort en janvier 1941.

392 Otto GRITSCHNEDER, *Der Hitler-Prozess und sein Richter Georg Neithardt: Eine Rechtsbeugung von 1924 mit Folgen,* 2001.

ses idées antirépublicaines et antisémites et accroître encore sa notoriété[393].

Pendant les 24 jours que dura le procès, il prit en effet régulièrement la parole et s'il réussit sans aucune peine à obtenir l'adhésion à ses propos des milieux antisémites et nationalistes dans lesquels il possédait déjà un assez grand crédit et qui voyait en lui un agitateur de talent capable de faire avancer leurs théories, il réussit aussi très adroitement à apparaître comme un patriote courageux et décidé pour une grande partie de la population. Accusé de haute trahison et de soulèvement armé, Hitler ne nia pas sa responsabilité dans les événements et assuma pleinement ses actes :

« Je ne suis pas venu au tribunal pour nier quoi que ce soit ou éviter mes responsabilités. [...][Ce putsch] je l'ai porté seul. En dernière analyse je suis le seul à l'avoir souhaité. Les autres accusés n'ont collaboré avec moi qu'à la fin. Je suis convaincu que je n'ai rien souhaité de mal. Je porte les responsabilités pour toutes les conséquences. Mais je dois dire que je ne suis pas un criminel et que je ne me sens pas comme tel, bien au contraire[394]. »

Il ajouta en réponse à l'accusation de haute-trahison dont il était l'objet :

« J'admets volontiers que j'ai participé à l'action, mais je ne peux pas me reconnaître coupable du crime de haute trahison. On ne saurait parler de trahison lorsqu'il s'agit de remédier à la trahison dont ce pays a été victime en 1918. Je ne

393 Ernst DEUERLEIN, *Der Hitler-Putsch, 8./9. Nov. 1923, Opus cit.*

394 Harold J GORDON Jr, *Hitler and the Beer Hall Putsch*, *opus cit.*, p. 482.

me considère pas comme un traître mais comme un Allemand qui a fait tout ce qu'il pouvait pour aider son peuple[395]. »

Hitler développa également l'idée que le tribunal n'était pas compétent pour porter un jugement sur les actions entreprises par les putschistes et que seule l'histoire pouvait se prononcer et que celle-ci penchait indéniablement, selon lui, vers un acquittement éblouissant[396]:

« Messieurs, ce n'est pas à vous de prononcer un jugement contre nous, c'est le tribunal éternel de l'histoire qui se prononcera sur les charges portées contre nous [...] Vous pouvez nous déclarer coupables mille fois, mais la déesse qui préside [ce même] tribunal [...] déchirera en lambeaux avec un sourire les charges du procureur général et le verdict de cette cour. Car elle nous acquittera. »

L'un des avocats présents à ce procès était Hans Ehard[397] (1887-1980) qui devint ensuite ministre président

---

395 J. NOAKES, G. PRIDHAM (ed), *Nazism 1919-1945: A Documentary Reader 1919-1945*, University of Exeter Press, 1983-1998, vol.2.

396 *Der Hitler-Prozeβ 1924. Wortlaut der Hauptverhandlung vor dem Volksgericht München I, Teil I*, ed. Lothar Gruchmann und Reinhard Weber, München 1997.

397 Hans Ehard fut ministre de la Justice du premier gouvernement bavarois d'après-guerre en 1945. Il devint ensuite secrétaire d'État au sein de ce ministère de 1945 à 1946 dans le cabinet du social-démocrate Wilhelm Hoegner. Originellement membre du Parti populaire bavarois (BVP), il adhéra ensuite à la CSU, dont il fut président de 1949 à 1955. Le 21 décembre 1946, Hans Ehard devint ministre-président du *Land* de Bavière et le demeura jusqu'au 14 décembre 1954, se voyant alors remplacé par son prédécesseur Wilhelm Hoegner (SPD).Ehard devint alors président du *Landtag* bavarois et conserva cette fonction pendant six années. Rappelé à la

de Bavière. Il interrogea Hitler pendant plus de cinq longues heures[398]. Ehard nota qu'Hitler « évoqua la possibilité de dévoiler au grand jour toute l'histoire de la « mobilisation secrète » — le soutien et l'entraînement des forces paramilitaires par la *Reichswehr* bavaroise en vue du coup d'État prévu[399] ».

Le 28 février, Hitler s'exclama en revenant sur les événements du 8 novembre :

« J'ai aujourd'hui la conviction […] que le soulèvement se serait imposé […] si son excellence von Lossow n'avait pas tourné casaque, si Kahr n'avait pas tourné casaque, si le colonel von Seisser n'avait pas tourné casaque, mais si au contraire ces messieurs étaient allés à travers Munich […] planter le drapeau du soulèvement. A Munich, à Nuremberg, à Bayreuth, une jubilation incomparable, une vague d'enthousiasme aurait balayé le *Reich.* Et quand la première division de l'armée nationale allemande aurait quitté le dernier mètre carré de terre bavaroise et pénétré pour la première fois en Thuringe, la jubilation populaire nous aurait accueillie. La population aurait bien dû reconnaître que la misère allemande avait une fin, que la rédemption ne pouvait venir que d'un soulèvement. Le gouvernement pacifiste-défaitiste, complètement immoral de Berlin aurait dû céder devant l'orage. Si l'on ne comprend pas que le changement doit être effectué d'abord à l'intérieur, qu'un

---

tête de l'exécutif régional le 26 janvier 1960, il l'abandonna le 11 décembre 1962, au profit de son ministre de l'Intérieur, Alfons Goppel, qui le nomma ministre de la Justice dans son premier cabinet. Karl-Ulrich GELBERG, *Hans Ehard. Die föderalistische Politik des bayerischen Ministerpräsidenten 1946-1954 (Forschungen und Quellen zur Zeitgeschichte 18)*, Düsseldorf 1992.

398 Ian KERSHAW, *Hitler, opus cit.*, p.323.

399 D'après les archives privées d'Hans Ehard citées par Otto GRITSCHNEDER, *Der Hitler-Prozess und sein Richter Georg Neithardt: Eine Rechtsbeugung von 1924 mit Folgen,* 2001.

gouvernement national doit venir sans tenir compte du principe de la majorité, l'Allemagne ne pourra jamais se relever[400]. »

Au cours de la même audience, Hitler se saisit du témoignage devant le tribunal de Hermann Kriebel, le chef militaire du *Kampfbund*, l'un de ses co-accusés, pour intervenir au sujet des rapprochements entre la SA et la *Reichswehr* :

« L'instruction des SA a été entreprise pour la première fois à la suite du conflit de la Ruhr. Elle a été arrêtée ensuite [...] et reprise dans les casernes par les autorités, c'est-à-dire par la police d'Etat et la *Reichswehr*. L'intensification au maximum de l'instruction date de là. Dès le premier jour, les troupes furent instruites à la caserne, non pas en vue de la garde des frontières ou de la police. Dès le premier jour, l'instruction était orientée uniquement vers l'offensive. Il s'agissait d'une double instruction, pas seulement d'instruction individuelle. Dès le premier jour, par l'ensemble de son organisation technique, elle était orientée vers la guerre de mouvement en direction de l'Allemagne du Nord. Ce fut une des raisons qui forcèrent finalement à prendre une décision, car il n'était pas possible de retenir plus longtemps les hommes qui nuit après nuit, jour après jour à la caserne étaient animés par la pensée de la guerre. Ils demandaient, quand ça va-t-il commencer, quand allons-nous enfin nous battre pour régler son compte à cette bande ? On ne pouvait plus, de semaine en semaine, retenir les hommes et cela fut une des raisons de notre action plus tard et aussi une des raisons qui devaient nécessairement un jour prochain produire tout son effet[401]. »

---

400 Ernst DEUERLEIN, *Der Hitler-Putsch, 8./9. Nov. 1923, opus cit.*, p.214.
401 Lothar GRUCHMANN, Reinhard WEBER, Otto GRITSCHNEDER, *Der Hitler-Prozess 1924*. 4 volumes, Saur KG Verlag 2000.

Le 1er mars 1924, Edgar Haniel von Haimhausen adressa la dépêche suivante à la Chancellerie du *Reich* :

« Pour me faire une impression des débats, j'ai assisté à une partie d'entre eux. La défense des accusés est visiblement construite pour essayer de prouver que le Putsch n'était pas dirigé contre le pouvoir étatique, mais qu'il avait été entrepris et préparé en accord avec lui, c'est-à-dire avec ses représentants, Kahr, Lossow et Seisser. Il n'avait échoué que par la félonie des trois personnes nommées. Avant de pouvoir juger dans quelle mesure cette affirmation est fondée, on devra attendre la déposition des messieurs en question. Mais il leur sera difficile d'échapper au reproche d'avoir tout au moins très fortement joué avec le feu[402]. »

Certaines séances du procès se déroulèrent à huis clos. A la suite de vives discussions, le Tribunal décida en effet :

« Les personnes présentes, y compris Messieurs les Défenseurs, seront tenues au secret pour tout le contenu des délibérations secrètes, dans la mesure où il s'agit de précisions concernant la *Reichswehr*, les organisations patriotiques, l'instruction, l'équipement, l'armement et l'emploi des organisations patriotiques[403]. »

Hitler se vit aussi offrir la possibilité d'interroger lui-même Kahr, Lossow et Seisser, très affaiblis par le fait qu'ils avaient initialement accepté de soutenir le putsch d'Hitler et par le fait qu'ils avaient dû démissionner de leurs postes au début de 1924. L'attitude partiale du

402 Dépêche d'Edgar Haniel von Haimhausen à la Chancellerie du Reich, le 1er mars 1924, Bundesarchiv, R 43 I; 2234.
403 Georges BONNIN, *Le Putsch de Hitler à Munich en 1923*, *opus cit.*, p.137.

président du tribunal qui favorisa de façon outrancière Hitler et Ludendorff suscita l'indignation à Berlin. Hitler se servit donc sans retenue de la possibilité presque inespérée qui lui fut offerte d'interroger le triumvirat pour passer à l'attaque. Il affirma avoir mené ce putsch avec le complet accord de ces trois hommes, donc avec l'accord des autorités légales de Bavière, ce qui rendait nulles les accusations d'acte illégal dont il était l'objet[404]. Hitler voulut aussi démontrer, avec l'appui de Ludendorff, que le triumvirat avait non seulement participé au putsch, mais qu'il préparait également une action semblable depuis des semaines. La défense du triumvirat lors de ce procès fut souvent, volontairement ou non, imprécise et peu convaincante.

Le gouvernement bavarois avait permis à Kahr de témoigner mais uniquement pour les sujets qui touchaient directement au putsch. En aucun cas, il ne fut autorisé à aborder d'autres aspects de la politique bavaroise ou nationale. Kahr fut mis sur la sellette par Ludendorff au sujet de la mobilisation envisagée par Berlin contre les communistes de Saxe en octobre 1923[405]. Cette action n'aurait pu se faire sans le soutien des organisations patriotiques de la *Reichswehr* noire. Pour sa part, Hitler harcela Kahr afin de lui faire admettre que les gouvernements de Berlin et de Bavière participaient au financement de la SA, ce qui prouvait selon Hitler que ces agissements étaient connus et acceptés par les autorités[406].

Lors des audiences à huis-clos, Kahr s'ingénia à ne pas répondre aux questions militaires, à esquiver les faits.

---

404 *Ibid.*
405 *Ibid.*
406 *Ibid.*

Dans l'ensemble, son témoignage n'apporta pas d'éléments décisifs ni primordiaux et demeura le plus souvent évasif et convenu. Il fut parfois mis mal à l'aise par le prestige de Ludendorff et l'éloquence de Hitler, notamment au sujet du financement de la mobilisation en Bavière[407].

Le témoignage de Seisser, personnage sans réelle envergure, n'apporta rien d'important ni de nouveau aux débats. Par contre, le témoignage du général von Lossow fut plus instructif et percutant. Lossow fit une déclaration importante en préambule à son témoignage. Il évoqua les projets de réarmement de l'Allemagne en vue de passer de la résistance passive à la résistance active. Néanmoins, ces opérations secrètes ne furent jamais mise en pratique contre les troupes françaises en Allemagne. Des élus du SPD, comme le ministre de l'Intérieur prussien Severing, ne partageaient pas cet objectif secret et le combattirent fermement sans toutefois éventer le secret. Mais, la conséquence du réarmement secret fut bien la collusion entre la *Reichswehr* et de nombreuses organisations patriotiques. Cette collusion fut accentuée par le projet de Directoire qui était né depuis quelques mois. Lossow déclara devant le Tribunal lors des séances à huis clos qu'il était plutôt favorable à la mise en place d'un directoire :

« Nous attendions ce Directoire et nous voulions que ce Directoire reçoive l'appui d'un bâton de police, que nous aurions pu placer à la disposition de ce Directoire en Bavière, à côté d'autres dans le *Reich*, pour imposer son autorité précisément là où ce Directoire n'aurait pas été bien vu. […]

---

407 Audience du 11 mars 1924, Lothar GRUCHMANN, Reinhard WEBER, Otto GRITSCHNEDER, *Der Hitler-Prozess 1924,* opus cit.

tous les travaux préparatoires[408] eurent lieu en étroit accord avec le *Generalstaatskommissariat* [Kahr] et le gouvernement bavarois [Knilling], avec tous les ministères qui entraient en ligne de compte[409] [...] »

La mise en place du Directoire évoqué au procès par Lossow dépendait de Seeckt. Son indécision avait retardé les choses, mais personne n'avait alors voulu hâter le mouvement, car Seeckt était absolument indispensable à la complète réussite de l'entreprise. Lossow évoqua également les conférences du 24 octobre et du 6 novembre (*voir chapitre II pour ces deux conférences*) qui avaient réuni le triumvirat et les organisations patriotiques dont le *Kampfbund*. Le Directoire se trouvait à l'ordre du jour de ces rencontres, mais l'incertitude relative à l'attitude de Seeckt pesa sur les débats. D'autre part, le départ de Stresemann n'était pas acquis en cas de coup de force. Tous ces éléments firent l'objet de longues et véhémentes discussions dont Lossow informa le tribunal à travers la lecture des comptes-rendus de ces fameuses conférences. Ces documents apportèrent alors un éclairage sur les rapports de force entre les différentes personnalités impliquées et sur la manière dont il était envisagé de passer à l'action :

« D'après les notes qui ont été prises à l'état-major de la région militaire lors de la session du 24 [octobre], j'ai déclaré à peu près ce qui suit. Après quelques remarques d'introduction au sujet du conflit avec Berlin, qui était alors [...] à son comble, j'ai souligné expressément qu'à aucun moment de ce conflit je ne m'étais accroché à mon poste et que n'importe quel général

408 Lossow fait ici référence aux conférences d'octobre.
409 Compte-rendu sténographique du procès de Hitler, 10 mars 1924, p.1295.

qui se serait trouvé à ma place […] aurait dû réagir de la même façon. […] on souligna que dans ce conflit on ne se plaçait pas en Bavière derrière le drapeau blanc-bleu[410] particulariste, mais derrière le drapeau noir-blanc-rouge[411]. Le but de la conférence, fut-il dit, était de se mettre d'accord sur la manière de renforcer rapidement en cas de besoin les moyens à notre disposition. Trois cas pouvaient se présenter :

1er cas: un gouvernement clairement de droite se forme à Berlin, c'est-à-dire le Directoire bien connu […] qui en définitive a le même programme que nous en Bavière. La position bavaroise serait tout simplement parallèle à celle de ce Directoire. Le gouvernement bavarois et les moyens dont on disposait en Bavière seraient pour le Directoire un élément essentiel.

2e cas: l'évolution des choses, la chute continue de la monnaie, des troubles dû à la disette, etc. auraient pour conséquence un certain chaos dans le *Reich* et il se révéleraient nécessaire que nous allions au secours de l'Allemagne du Nord, comme l'Allemagne du Nord était venue à notre aide à Munich au temps de la dictature des soviets. Dans ce cas aussi, il se pourrait qu'intervienne une dictature du *Reich* ou le Directoire que nous désirons. […]

3e cas:, que nous ne souhaitons pas, mais auquel on doit aussi penser: la même rengaine dure encore quelques temps ; le Cabinet Stresemann se maintient encore […] et essaye toute sorte de subterfuges. Il s'agit alors de ne pas lâcher pied […] que l'idée nationale reste en Bavière puissante et résolue […]

Dans les trois cas, il pourra être éventuellement nécessaire de renforcer nos moyens. A notre disposition, il y a la *Reichswehr*, la police bavaroise, puis, comme réservoir humain, les organisations patriotiques. […] C'était dit dans le texte de l'allocution. Je rejette la formation de corps francs, dis-je. Comment seront-ils nourris, armés, payés ? Qui s'occupera des inaptes au service ou des familles ? La seule méthode

---

410 Il s'agit des couleurs de la Bavière.

411 Il s'agit des couleurs de l'Allemagne jusqu'en 1918, avant la République de Weimar.

possible que je vois est de renforcer et de multiplier les formations légitimes, de créer des unités de forme pleinement militaire, qui seront pourvues par l'État de tout le nécessaire [...] Il est important que les organisations patriotiques en Bavière et dans le *Reich* nous soient fermement attachées, que la propagande dans le *Reich* n'ait pas pour effet de nous isoler [...] en faisant de nous des particularistes ou des séparatistes. [...] Je constatai qu'une partie des chefs des organisations patriotiques était d'accord avec les propositions faites. Une autre partie tenait à ce que des formations entières soient mises sur pied ou prises en charge dans l'Organisation avec leur caractère de corps francs. [...] J'exprimai mes objections à ce sujet[412] [...] »

Lossow poursuivit par la conférence du 6 novembre où les choses avaient considérablement évolué depuis le 24 octobre. En effet, un coup d'Etat n'était plus alors à l'ordre du jour dans un bref délai. Il était donc absolument nécessaire pour le triumvirat de contenir les organisations patriotiques afin qu'elles ne se lancent pas dans des actions de sédition :

« Je crois avoir décrit ce matin la situation, comment la crise est devenue toujours plus aiguë et je crois avoir terminé en disant que le *Generalstaatskommissar* [Kahr] avait convoqué une conférence avec les organisations patriotiques en raison des craintes que nous avions, lui et moi. [...] Nous nous sommes exprimés très clairement contre cette éventualité [un putsch]. Kahr le fit sur un ton très sérieux et très énergique. [...] L'aspect positif de son discours allait dans le sens du Directoire auquel nous aspirions [...] L'aspect négatif consistait à refuser brutalement de prendre une initiative. A la suite des déclarations de Kahr [...] je m'exprimai ainsi : « Je me déclare

412 Compte-rendu sténographique du procès de Hitler, le 10 mars 1924; pp. 1295-1298.

complètement d'accord avec ce que M. von Kahr a dit. Je suis prêt à soutenir une dictature de droite, si l'affaire a des chances de succès. Si nous devons être poussés dans un putsch, qui dans 5 ou 6 jours fera une fin piteuse, je ne marche pas. Je ne voudrais laisser aucun doute que nous nous opposerons *manu militari* à de telles entreprises irresponsables [...] J'ai une série d'informations qui me font douter du loyalisme des organisations qui travaillent avec nous [...] Je veux du loyalisme. [...] Je veux que la *Reichswehr* reste unie, peu importe qui est à sa tête. Le Directoire que nous souhaitons n'est possible que s'il a la *Reichswehr* unie derrière lui [...] Je ne participerai pas à une aventure, mais je prendrai tout moyen qui mène au résultat désiré, même si le résultat en définitive ne peut être obtenu qu'en passant par le coup d'Etat. » [...] Avec le discours de Kahr et les déclarations faites par moi et par le colonel von Seisser, la séance fut close. On n'avait pas l'intention, lors de cette conférence [...] de provoquer un débat entre les chefs des organisations patriotiques et d'écouter les opinions de ces chefs. [...] Kahr fit connaître clairement et sans équivoque sa pensée et sa volonté. Il demanda l'obéissance des organisations[413] [...] »

Hitler évoqua devant le tribunal le rôle de l'Angleterre dans ces événements. Toujours soucieuse de prendre le pas sur la France dans une guerre d'influence acharnée et sans merci, les Anglais promirent, d'après Hitler, de fournir de l'artillerie lourde. Il est impossible de savoir d'où Hitler tenait son information et si celle-ci était fondée. Toutefois, des contacts eurent bien lieu entre Allemands et Anglais, mais la teneur exacte de ces entretiens ne peut être clairement établie[414]. Certains

413 Compte-rendu sténographique du procès de Hitler, le 10 mars 1924, pp. 1303-1307.

414 Georges BONNIN, *Le Putsch de Hitler à Munich en 1923*, *opus cit.*, p.192.

historiens, notamment Georges Bonnin, avancent l'hypothèse, hélas nullement soutenue par des documents irréfutables, que ce putsch était en fait moins la résultante de la bataille de l'Allemagne du Nord contre la Bavière, mais davantage celle du réarmement secret de l'Allemagne et du passage de la résistance passive à la résistance armée. Certes, certains éléments peuvent laisser penser à la véracité de telles affirmations, mais, à l'appui des arguments développés par plusieurs hitlérologues dont le germaniste Jacques Ridé, il parait plus vraisemblable :

« [...] qu'au moment où les tractations menées entre Berlin et Munich, pour passer à l'action, battaient leur plein (octobre et début novembre 1923), dans la Ruhr, la résistance antifrançaise avait, à la demande de Stresemann, officiellement cessé [à partir du 26 septembre] . [...] Plus sérieux serait l'argument selon lequel Hitler — tout comme le triumvirat bavarois d'ailleurs — avait intérêt, pour atténuer sa responsabilité, à « noyer » l'équipée munichoise dans une vaste opération politique envisagée à un niveau beaucoup plus élevé[415]. »

Peu avant la fin du procès, Hitler satisfait du déroulement des événements déclara à Hanfstaengl venu lui rendre visite dans sa cellule au tribunal :

« Que peuvent-ils me faire ? Il me suffit d'en sortir un peu plus, surtout concernant Lossow, et c'est le gros scandale. Ceux qui sont dans le secret savent bien[416]. »

Au terme des délibérations du jury, le verdict du procès fut rendu le 1er avril 1924 et fut relativement

415 Jacques RIDÉ, *Études Germaniques*, avril-juin 1970, p.194.
416 Konrad HEIDEN, *Hitler: a biography*, London 1936, p.176.

clément pour l'ensemble des putschistes. Si l'accusation publique demanda 8 ans de prison à l'encontre de Hitler pour haute trahison, il ne fut finalement condamné, de même que Weber, Kriebel et Pöhner, qu'à 5 ans de détention (*Festungshaft*), moins les quatre mois et deux semaines déjà purgés. A cette sentence s'ajouta une amende de deux cents marks-or ou vingt jours de prison supplémentaires. Ernst Röhm fut condamné à 15 mois de prison, le général Erich Ludendorff fut acquitté, ce qu'il dénonça avec une vive colère, et la NSDAP dissoute. Hermann Göring fut également condamné par le tribunal, mais il s'était réfugié à Innsbruck. Le tribunal déclara que l'ensemble des hommes accusés s'étaient lancés dans cette action « par un esprit purement patriotique et par la volonté désintéressée la plus noble[417] » et finalement ils pensaient selon le tribunal « agir pour sauver la patrie et accomplir ce qui avait été, peu auparavant, l'intention des principaux responsables bavarois[418] ».

Ce verdict *a minima* en faveur des accusés ne tenait guère compte des quatre policiers morts pendant le putsch ainsi que du vol de quatorze mille six cent cinq milliards de marks-papier et du saccage des locaux du journal *Münchener Post* proche du SPD. D'autre part, un fait très important fut également passé sous silence, à savoir le sursis dont Hitler bénéficiait depuis sa précédente condamnation pour des violences lors d'une réunion publique, ce qui était tout à fait incroyable car c'était le même juge, Georg Neithardt, qui avait présidé le précédent procès. En effet, en septembre 1921, Hitler avait décidé de troubler une importante réunion politique

---

417 Heinrich A. WINKLER, *Histoire de l'Allemagne*, *Opus cit.*, p.378.
418 *Ibid.*

publique d'Otto Ballerstedt[419] (1887-1934) et du *Bayernbund* (Ligue fédéraliste de Bavière), une organisation concurrente, qui se tenait à la *Löwenbräukeller*. De nombreux membres de la SA avaient envahi la salle et empêchèrent Otto Ballerstedt de s'exprimer librement. Finalement, une bagarre éclata et le leader du *Bayernbund* ne parvint à sortir sain et sauf de la salle que grâce à l'intervention rapide de la police. Mais l'affaire n'en resta pas là et connut un prolongement fâcheux pour Hitler car Otto Ballerstedt porta plainte à la suite de ces détestables événements et, en janvier 1922, Hitler fut condamné par la justice à une peine de trois mois de prison, dont deux avec sursis, pour troubles sévères à l'ordre public. Il purgea sa peine de détention à la prison de Stadelheim à Munich du 24 juin au 27 juillet 1922.

En vérité, du début jusqu'à la fin, ce procès ne fut qu'une parodie de justice. Hitler ne fut cependant pas acquitté, car il aurait alors risqué d'être rejugé par le tribunal de Leipzig et il aurait alors encouru une toute autre peine et les autorités bavaroises aurait également dû justifier de nombreuses décisions de désobéissance souvent illégales.

Au sujet de l'expulsion d'Hitler, la cour déclara :

« Hitler est un Autrichien allemand. Lui-même se considère comme un Allemand. De l'avis de la cour, ni dans leur lettre ni dans leur esprit, les dispositions de la section 9, alinéa II, de la Loi pour la protection de la République ne

419 Otto Ballerstedt trouva la mort dans le camp de concentration de Dachau le 1er juillet 1934 au cours de la tragique Nuit des longs couteaux (*Röhm-Putsch*) qu'Hitler mena lui-même contre les chefs de la SA. De nombreuses personnalités conservatrices furent également victimes de cette purge sanglante.

sauraient s'appliquer à un homme tel que Hitler qui pense et sent en Allemand, qui quatre ans et demi durant, pendant la guerre, a volontairement servi dans l'armée allemande, qui a obtenu de hautes distinctions militaires pour des actes de bravoure éclatants face à l'ennemi, qui a été blessé, qui a souffert dans sa santé et qui a été démobilisé sous l'autorité du commandement de Munich I[420]. »

Hitler fut ensuite emprisonné à la prison de Landsberg am Lech où il bénéficia de conditions de détention particulièrement privilégiées, avec notamment une mise à disposition d'une cellule fort spacieuse[421] qui possédait une vue sur la campagne. Hitler pouvait jouir également d'un grand bureau, d'un fauteuil en osier, de la lecture quotidienne des journaux[422]. Il put également recevoir un très grand nombre de visites: pas moins de 482 personnes[423] se déplacèrent pour le rencontrer à Landsberg de début avril à fin août 1924 d'après les registres de la prison. D'autre part, sa cellule était attenante à celle de Rudolf Hess et Hitler obtint l'autorisation de travailler avec lui. En prison, Hitler comprit que le pouvoir ne pourrait être atteint qu'en se pliant au jeu politique et institutionnel pour mieux y renoncer ensuite. En effet, se plier au jeu politique ne signifiait pas pour lui adopter la démocratie. Il s'agissait en fait de se glisser dans les failles, de jouer avec la démocratie sans y adhérer, de s'en servir au mieux de ses intérêts.

---

420 Ernst DEUERLEIN, *Der Hitler-Putsch, 8./9. Nov. 1923*, *opus cit.*

421 Eberhard KOLB, *Deutschland 1918-1933. Eine Geschichte der Weimarer Republik,* München, Oldenbourg Wissenschaftverlag 2010.

422 Ian KERSHAW, *Hitler*, *opus cit.*, p.328.

423 Mathilde AYCARD/ Pierre VALLAUD, *Allemagne IIIe Reich,* Paris, Perrin 2008.

Hitler devait purger une peine incompressible de six mois de détention après quoi il pouvait déjà envisager une libération anticipée. Là encore, il bénéficia du soutien des autorités puisque le gouverneur de la prison de Landsberg, l'*Oberregierungsrat* Otto Leybold, délivra le 15 septembre un rapport particulièrement favorable au détenu Hitler :

« Hitler apparaît comme un homme d'ordre, de discipline, envers sa propre personne comme envers ses codétenus. Il est satisfait, effacé et arrangeant. Il ne réclame rien, se montre calme, raisonnable, sérieux ; se refusant à toute grossièreté, il se fait un scrupule de se soumettre aux contraintes de sa peine. Dépourvu de toute vanité personnelle, il se contente des repas que lui sert l'administration […] Le sexe féminin ne l'attire pas. Il reçoit des femmes qui viennent lui rendre visite ici avec une grande courtoisie, sans engager avec elles de discussions politiques sérieuses. Toujours poli, il n'insulte jamais les fonctionnaires de l'institution. Hitler, qui au début recevait une foule de visiteurs, a fait tout son possible depuis quelques mois, on le sait, pour éviter les visites politiques et n'écrit que quelques lettres […] A la faveur de ses dix mois de détention préventive et d'incarcération, il est sans doute devenu plus mûr et posé qu'il ne l'était. Il ne retrouvera pas la liberté avec des menaces et des idées de vengeance à l'encontre des responsables publics qui le combattent et ont déjoué ses plans de novembre 1923. Il ne sera ni un agitateur antigouvernemental ni un ennemi des autres partis de tendance nationaliste. Il ne manque jamais une occasion de rappeler sa conviction qu'un État ne saurait exister sans un ordre interne ferme et un gouvernement à poigne[424]. »

---

424 Ernst DEUERLEIN, *Der Hitler-Putsch, 8./9. Nov. 1923*, *Opus cit.*.

Néanmoins, beaucoup de personnes, dont le chef adjoint de la police de Munich, l'*Oberregierungsrat* Friedrich Tenner, n'étaient pas partisanes d'une libération rapide d'Hitler. Tenner fut soutenu par Ludwig Stenglein (1869-1936), le procureur du district judiciaire de Munich I qui insista sur la gravité des actes commis par Hitler en novembre 1923. Mais, la cour ne tint pas compte des arguments présentés par les personnalités hostiles à la libération anticipée d'Hitler. Ludwig Stenglein déposa une requête le 29 septembre auprès de la Cour suprême de Bavière en arguant la dangerosité du détenu en question. Parallèlement, le gouvernement bavarois essaya de convaincre les Autrichiens d'accepter une expulsion d'Hitler vers son pays d'origine. Mais, les Bavarois se heurtèrent en cette occasion à un refus catégorique du chancelier fédéral Ignaz Seipel[425] (1876-1932). Le 6 octobre 1924, la Cour suprême de Bavière ne donna pas une suite favorable aux arguments développés par Stenglein. Le procureur tenta une dernière manœuvre le 5 décembre 1924 mais à nouveau sans succès. En effet, le 12 décembre, la Cour suprême interrogea le gouverneur de Landsberg au sujet de la conduite en prison d'Adolf Hitler et d'Hermann Kriebel. Une fois encore, Otto Leybold écrivit une rapport flatteur et rassurant sur Hitler. Désormais, la libération d'Hitler était acquise.

Soucieux de maintenir l'attention qui s'était cristallisée sur lui au moment du putsch puis du procès qui suivit, Hitler avait décidé de préparer en prison un livre politique qu'il intitula *Mein Kampf*[426] (Mon Combat) et

425 Monseigneur Ignaz Seipel fut chancelier d'Autriche de mai 1922 à juin 1924, puis à nouveau de 1926 à 1929.

426 Originellement intitulé: 4 ans et demi [de lutte] contre les mensonges, la stupidité et la couardise (*Viereinhalb Jahre [des*

dont il dicta le texte à son chauffeur Emil Maurice puis à Rudolf Hess. Ce livre qui recoupe, prolonge et approfondit le programme en 25 points de la NSDAP et y entremêle une multitude de souvenirs personnels de tous ordres et des démonstrations pseudo-scientifiques grandiloquentes, marque d'abord le lecteur par la violence de son propos, par son style heurté, confus et par la pauvreté littéraire qui s'en dégage. La rédaction de *Mein Kampf* permit aussi à Hitler de se sentir conforté dans son narcissisme et dans son idée d'être destiné à une mission quasi messianique et d'être l'homme dont l'Allemagne avait tant besoin pour retrouver sa grandeur. Il se voyait désormais comme le chef, le seul à pouvoir réussir cette tâche. Les textes de certains auteurs, comme celui de Georg Schott, ne firent que le conforter dans ce sens.

Le texte rempli d'allusions littéraires et religieuses de Georg Schott publié sous le titre *Das Volksbuch von*

Kampfes] gegen Lüge, Dummheit und Feigheit). Le titre du livre fut changé sur les conseils de l'éditeur Max Amann. L'ouvrage comporte plusieurs chapitres après une préface de l'auteur. Pour le tome I: 1 La maison familiale,2 les années d'études et de souffrance à Vienne, 3 considérations politiques générales, 4 Munich, 5 La guerre mondiale [Première], 6 propagande de guerre, 7 la Révolution, 8 le commencement de l'activité politique, 9 le DAP, 10 les causes de la débâcle, 11 le peuple et la race, 12 la première phase du développement de la NSDAP. Pour le tome II: 1 sujets de l'État et citoyens, 2 la personnalité et la conception raciste de l'État, 3 conception philosophique et organisation, 4 lutte des premiers temps-l'importance de la parole, 5 lutte contre le front rouge, 6 le fort est plus fort quand il reste seul, 7 considérations sur le sens et l'organisation des SA, 8 le fédéralisme n'est qu'un masque, 9 propagande et organisation, 10 la question corporative, 11 la politique allemande des alliances après la guerre, 12 orientation vers l'Est ou politique de l'Est, 13 le droit de légitime défense. Enfin, l'ouvrage s'achève sur une conclusion.

Hitler[427] présentait le *Führer* sous les traits d'un demi-dieu :

« […] Voici le secret de cette personnalité : ce qui dort au plus profond de l'âme du peuple allemand y a pris forme dans des traits pleins et vivants. […] Cela s'est manifesté en la personne d'Adolf Hitler : l'incarnation vivante du désir ardent de la nation. »

Hitler écrivit lui-même :

« La réunion du théoricien, de l'organisateur et du *Führer* en une seule personne est la plus rare qu'on puisse trouver sur cette terre : cette réunion produit le grand homme[428]. »

Mein Kampf peut aussi être abordée comme une production compensatoire à l'échec du putsch. Pour l'historien et germaniste Thierry Feral : « L'orgie langagière hitlérienne est une projection, par un paranoïaque tout à l'amertume de son échec[429], […] de son moi dans un temps et un espace rénovés, fruits de son délire, et dont la réalisation est la condition *sine qua non* de sa survie[430] […]. » Tout au long des pages, Hitler

---

427 Georg SCHOTT, *Das Volksbuch von Hitler*, München, Hermann A. Wiechmann, 1924.

428 Adolf HITLER, *Mein Kampf*, *opus cit.*

429 Au sujet de *Mein Kampf* comme production compensatoire, je renvoie aux ouvrages essentiels suivants: Thierry FERAL, *Le « Combat » hitlérien*, Paris, Pensée Universelle 1981 ainsi que Thierry FERAL, *Anatomie d'un crépuscule. Essai sur l'histoire culturelle du troisième Reich*, Paris, Tarmeye 1989. Voir aussi Thierry FERAL, « Lire *Mein Kampf* d'Adolf Hitler », www.quatrea.com (espace éditorial).

430 Thierry FERAL, *Le national-socialisme*, *opus cit.*, p.67.

énonce les grands principes de sa pensée politique et il présente au lecteur sa conception du monde, sa *Weltanschauung.* Un antisémitisme exacerbé et un racisme primaire, qui font des Juifs, des Slaves, des Noirs, des Tsiganes (*Zigeuner*) des sous-hommes (*Untermenschen*), sont omniprésents. *Mein Kampf* donne en pâture à la communauté raciale populaire un mythe omniexplicatif de ses infortunes : le Juif. Cependant, Hitler n'a pas écrit de façon incontestable dans les pages de *Mein Kampf* qu'il envisageait d'exterminer les Juifs[431]. Il évoquait alors une expulsion du territoire allemand. Ce ne fut qu'à partir de 1939 que ses discours prirent un autre ton, plus radical. Dans son livre, Hitler met bien entendu en avant la race aryenne qu'il présente comme la race supérieure à l'image des auteurs antisémites de la fin du 19e siècle qui l'ont abreuvé et il définit la mission historique qui est, d'après lui, la sienne :

« La conception raciste fait place à la valeur des différentes races de l'humanité [...] Cette connaissance lui confère l'obligation de favoriser la victoire du meilleur et du plus fort, d'exiger la subordination des mauvais et des faibles[432]. »

Il souligne également plus loin :

« L'homme n'a qu'un devoir sacré [...] c'est de veiller à ce que son sang reste pur[433]. »

---

431 Christian ZENTNER, *Adolf Hitlers Mein Kampf. Eine Kommentierte Auswahl*, München, List Verlag 1974.
432 Adolf HITLER, *Mein Kampf, opus cit.*
433 *Ibid.*

D'autre part, Hitler accorde une large place à son ardent pangermanisme, son désir de voir une Allemagne souveraine à la puissance retrouvée grâce à une large remilitarisation. Hitler ne cesse de marteler le thème de la conquête d'un espace vital (*Lebensraum*) nécessaire pour permettre le regroupement et l'expansion des peuples de culture et de langue allemandes :

« La politique extérieure de l'État raciste doit assurer les moyens d'existence sur cette planète, de la race que groupe l'État, en établissant un rapport sain, viable et conforme aux lois naturelles entre le nombre et l'accroissement de la population d'une part, l'étendue et la valeur du territoire d'autre part [...] seul un espace suffisant sur cette terre assure à un peuple la liberté de l'existence[434]. »

Enfin, Hitler laisse libre cours à son rejet de la démocratie corrompue et du Traité de Versailles (*Diktat von Versailles*). Un aspect social et économique avec une préconisation de mesures anticapitalistes est aussi développé. Au fil des pages, le lecteur est également renvoyé à l'association que fait immanquablement Hitler entre le bolchevisme et les Juifs. Le premier tome de *Mein Kampf* parut le 18 juillet 1925 et le deuxième tome dicté après sa libération à une secrétaire puis à Max Amann, qui fut son sergent avant de devenir le directeur du Eher Verlag (la maison d'édition du parti), parut le 11 décembre 1926[435]. En fait, *Mein Kampf* recherche sans relâche, avec

434 *Ibid.*

435 *Mein Kampf* se vendit à 9473 exemplaires en 1925, 6913 en 1926, 5607 en 1927, 3015 en 1928, 7664 en 1929, 54 086 en 1930, 50 808 en 1931, 90 351 en 1932, 1 million en 1933 (pour l'édition qui regroupait les 2 tomes à partir de 1927). La lecture du livre devint obligatoire en Allemagne après 1933. Les ventes du livre permirent à Hitler d'encaisser de faramineux droits d'auteur. Au sujet de *Mein*

la plus intrépide démagogie, à stimuler les masses en jouant sur le côté proche des problèmes du peuple, de ses souffrances, de ses rancœurs, de ses désirs.

Le 20 décembre 1924 à 12h15, après huit mois d'emprisonnement, Hitler passa la porte de la forteresse de Landsberg, libéré sur parole et ne purgeant ainsi pas les 48 mois restants de sa peine. Vêtu de la culotte de cuir traditionnelle recouverte d'un manteau, il s'immobilisa quelques secondes devant le photographe Heinrich Hoffmann[436] (1885-1957) venu immortaliser cet instant[437], puis il disparu à l'intérieur d'une Daimler-Benz mise à sa disposition par l'éditeur Adolf Müller.

En mars 1924, la Bavière avait voté pour un nouveau *Landtag*. Gregor Strasser à la tête du *Völkischer Block* (Bloc populaire) d'extrême-droite obtint 23 sièges. A Munich même, l'extrême-droite signa son meilleur score avec 500 000 voix, un score supérieur à celui de l'ensemble des autres partis[438].

Hitler demeura interdit de parole en public en Bavière jusqu'au 9 mars 1927, en Prusse jusqu'au 28 août 1928, mais dès le 27 février 1925, Hitler transgressa cet interdit et reprit la parole lors d'un meeting devant 4000 personnes. Il réserva ses flèches les plus acérées pour les

---

Kampf, lire: Antoine VITKINE, *Mein Kampf : histoire d'un livre*, Paris, Flammarion 2009. Cf également note 429.

436 Heinrich Hoffmann était le photographe personnel d'Hitler. C'est par son intermédiaire qu'Hitler et Eva Braun se rencontrèrent.

437 Contrairement à ce qu'affirme la légende, cette photo ne fut pas prise devant la forteresse de Landsberg, ce qu'avaient interdit les autorités bavaroises, mais devant la vieille porte de la ville. Cf. Thierry FERAL, *Le « nazisme » en dates*, *opus cit.*, p. 68.

438 Henry BOGDAN, *Histoire de la Bavière*, *opus cit.*, p.283.

Juifs et les républicains. La veille de ce meeting, le journal nazi *Völkischer Beobachter* avait été autorisé à reparaître[439] et, dès le 14 février, l'interdiction de la NSDAP avait été levée en Bavière. Hitler reprit rapidement sa marche en avant qui allait plonger quelques années plus tard l'Allemagne et l'Europe dans un abîme d'horreur sans fond.

Comme l'écrit avec justesse l'historien Ian Kershaw :

« L'année [1924] qui aurait dû être celle du bannissement définitif du spectre de Hitler vit au contraire la genèse de sa prééminence ultérieure absolue au sein du mouvement *völkisch* et de son ascension vers l'autorité suprême[440]. »

Pour conclure, citons encore le texte de l'historien allemand Eberhardt Jäckel sur la marque indélébile que laissa Hitler, non seulement sur l'Allemagne et les Allemands, mais également sur l'ensemble de l'humanité :

« Les Allemands ont été libérés de Hitler, mais ils ne réussirent jamais à s'en débarrasser. Même mort, Hitler sera toujours présent avec les Allemands, avec ceux qui lui ont survécu, ceux qui ont vécu après lui et même ceux qui ne sont pas encore nés... comme un monument éternel de ce que l'homme est capable de faire. »

---

439 Roland V.LAYTON, *The Völkischer Beobachter, 1920-1933: The Nazi Party Newspaper in the Weimar Era*, 1970.
440 Ian KERSHAW, *Hitler, opus cit.*, p.331.

ANNEXES

LES VICTIMES DU PUTSCH DE LA BRASSERIE

Quatre policiers de la police bavaroise furent tués lors du putsch :

Friedrich FINK *Polizei-Oberwachtmeister*
Nikolaus HOLLWEG *Polizei-Unterwachtmeister*
Max SCHOBERT *Polizei-Hilfswachtmeister*
Rudolf SCHRAUT *Polizei-Hauptmann*

Une plaque commémorative fut installée en 1994 dans le trottoir en face de la *Feldherrnhalle*. Les noms des quatre policiers y figurent avec le texte suivant : « Aux membres de la police bavaroise qui perdirent la vie lors de leur intervention contre les putschistes nationaux-socialistes le 9 novembre 1923. » *(Den Mitgliedern der Bayerischen Landespolizei die beim Einsatz gegen die nationalsozialistischen Putschisten am 9.11.1923 ihr Leben liessen)*

Ainsi que seize putschistes :

Felix ALFARTH (1901-1923)
Andreas BAURIEDL (1879-1923)
Theodor CASELLA (1900-1923)
William EHRLICH (1894-1923)
Martin FAUST (1901-1923)
Anton HECHENBERGER (1902-1923)
Oskar KÖRNER (1875-1923)
Karl KUHN (1875-1923)
Karl LAFORCE (1904-1923)

Kurt NEUBAUER (1899-1923)
Klaus von PAPE (1904-1923)
Theodor von der PFORDTEN (1873-1923)
Johann RICKMERS (1881-1923)
Max Erwin von SCHEUBNER-RICHTER (1884-1923)
Lorenz von RITTER STRANSKY (1889-1923)
Wilhelm WOLF (1898-1923)

LES PRINCIPAUX PARTICIPANTS DU PUTSCH

Johann AIGNER
Felix ALFARTH (1901-1923)
Max AMANN (1891-1957)
Andreas BAURIEDL (1879-1923)
Karl BEGGEL
Heinrich BENNECKE (1902-1972)
Josef BERCHTOLD
Philipp BOUHLER (1899-1945)
Viktor BRACK (1904-1948)
Wilhelm BRÜCKNER (1884-1954)
Rudolf BUTTMANN (1885-1947)
Theodor CASELLA (1900-1923)
Eduard DIETL (1890-1944)
Josef DIETRICH (1892-1966)
Dietrich ECKART (1868-1923)
William EHRLICH (1894-1923)
Hermann ESSER (1900-1981)
Martin FAUST (1901-1923)
Gottfried FEDER (1883-1941)
Karl von FISCHER-TREUENFELD (1885-1946)
Hans FRANK (1900-1946)
Wilhelm FRICK (1877-1946)
Josef GERUM (1888-1957)
Hermann GÖRING (1893-1946)
Ulrich GRAF (1878-1950)
Albrecht von GRAEFE (1868-1933)
Jakob GRIMMINGER (1892-1969)
Ernst Franz HANFSTAENGL (1887-1975)

Anton HECHENBERGER (1902-1923)
Edmund HEINES (1897-1934)
Rudolf HEβ (1894-1987)
Walter HEWEL (1904-1945)
Heinrich HIMMLER (1900-1945)
Adolf HITLER (1889-1945)
Heinrich HOFFMANN (1885-1957)
Hans-Georg HOFMANN (1873-1942)
Matthaeus HOFMANN
Adolf HÜHNLEIN (1881-1942)
Rudolf JUNG (1882-1945)
Hans KALLENBACH
Emil KLEIN (1905-2010)
Hans Ulrich KLINTZSCHE (1898-1940)
Helmut KLOTZ
Wilhelm KOLB
Oskar KÖRNER (1875-1923)
Hermann KRIEBEL (1876-1941)
Karl KUHN (1875-1923)
Karl LAFORCE (1904-1923)
Adolf LENK (1903-1987)
Erich Friedrich Wilhelm LUDENDORFF (1865-1937)
Emil MAURICE (1897-1972)
Kurt NEUBAUER (1899-1923)
Max NEUNZERT
Theodor OBERLÄNDER (1905-1998)
Klaus von PAPE (1904-1923)
Heinz PERNET (1896-1973)
Theodor von der PFORDTEN (1873-1923)
Ernst PÖHNER (1870-1925)
Rolf REINER (1899-1944)
Johann RICKMERS (1881-1923)
Michael RIED

Lorenz von RITTER STRANSKY (1889-1923)
Ernst RÖHM (1887-1934)
Alfred ROSENBERG (1893-1946)
Gerhard ROβBACH (1893-1967)
Franz von SALOMON (1888-1968)
Julius SCHAUB (1898-1967)
Max Erwin SCHEUBNER-RICHTER (1884-1923)
Julius SCHRECK (1898-1936)
Ernst Rüdiger STARHEMBERG (1899-1956)
Hans STRECK
Julius STREICHER (1885-1946)
Heinrich Wilhelm TRAMBAUER (1899-1942)
Adolf WAGNER (1890-1944)
Robert WAGNER (1895-1946)
Friedrich WEBER (1892-1955)
Wilhelm WOLF (1898-1923)

Les deux éléments majeurs qui se dégagent lorsque l'on procède à une étude sur le profil des principaux participants au putsch, c'est le jeune âge de ces hommes (la moyenne d'âge tourne autour de 30 ans) et le fait qu'ils étaient souvent encore étudiants et que peu de professions intermédiaires et de professions intellectuelles supérieures étaient représentées pour ceux qui travaillaient. Les étudiants, employés, ouvriers, artisans, commerçants sont les plus nombreux. Le milieu agricole n'est pas significativement représenté, ce qui n'est pas surprenant compte tenu de l'improvisation de ce putsch urbain. La plupart des hommes qui participèrent au putsch étaient membres de la SA ou de différentes organisations patriotiques.

Il est à noter également que de nombreux participants au putsch occupèrent plus tard des responsabilités élevées au sein du troisième *Reich* (ministre, secrétaire d'État, responsable local). Cet aspect démontre que leur engagement à la cause nazie n'était pas éphémère, mais au contraire très fortement ancré en eux.

***

Entretien de l'auteur avec Thierry FERAL, germaniste, professeur agrégé honoraire et auteur de nombreux travaux relatifs au national-socialisme.

Quels sont les éléments qui conduisirent les putschistes à suivre Hitler les 8 et 9 novembre 1923 ?

Thierry FERAL : « Les acteurs du putsch avaient, à quelques exceptions près (Ludendorff, 58 ans), *grosso modo* entre 23 (Himmler) et 35 (Hitler)-36 ans (Röhm). Tous avaient internalisé l'« expérience » de la Première Guerre mondiale. Soit qu'ils l'aient physiquement vécue et l'aient mythifiée comme le feront Ernst Jünger (sur le front de 17 à 23 ans) et les écrivains nazis Franz Schauwecker (à 24 ans), Edwin Erich Dwinger (à 17 ans), Werner Beumelburg (à 16 ans). Soit qu'ils aient, pour les plus jeunes, été marqués par ce qu'on appellera « l'esprit de 1914 » : mobilisation par l'école autour du culte du sacrifice dans les tranchées pour préserver la mère-patrie du viol par l'étranger ; traumatisme causé par la disparition du père ou d'un proche, ou encore par les terribles blessures et mutilations dont le spectacle s'étalera au lendemain de la défaite ; stigmates des privations alimentaires ; représentations par la presse et la rumeur d'un ennemi barbare, avide de s'emparer du potentiel économique de l'Allemagne et de détruire sa culture. Quoi qu'il en ait été de leur parcours, ils étaient à un tel point « conditionnés » qu'ils ne pouvaient concevoir que l'Allemagne ait été vaincue « naturellement ». Elle ne pouvait qu'avoir été victime d'un complot. C'est pourquoi les hostilités devaient se poursuivre et ce, en premier lieu, contre les « ennemis de l'intérieur », signataires de l'Armistice et instaurateurs de la République qui, en acceptant le « diktat » versaillais, avaient livré le pays à l'occupation et entériné son amputation territoriale. Les plus radicaux d'entre eux avaient trouvé en Hitler celui qui leur fournissait l'argument le plus « solide » pour donner corps à leurs fantasmes ; être l'avant-garde de la régénérescence du *Reich* en le purifiant de tous ceux qui le souillaient : les « criminels » de Weimar et les « marxistes » de tout poil, agents de la grande conjuration mondiale judaïque (cf. *Mein Kampf*). »

LE « BLUTFAHNE »

Le *Blutfahne* (drapeau sanglant) était le drapeau nazi à croix gammée qui fut aspergé par le sang d'un ou plusieurs putschistes lors de la marche du 9 novembre 1923. Selon les versions, le sang d'Andreas Bauriedl seul, ou également celui de Anton Hechenberger et celui de Lorenz Ritter von Stransky-Griffenfeld, aspergèrent le drapeau porté par Heinrich Wilhelm Trambauer. Après les événements tragiques du 9 novembre, le drapeau fut caché jusqu'à la libération d'Hitler en 1924. A ce moment-là, le drapeau fut remis au *Führer* qui fit monter un nouveau mât, fit installer une nouvelle pointe et décida de faire graver une plaque comportant les noms des SA « martyrs » tombés lors du putsch. Ensuite, le *Blutfahne* fut remis à Joseph Berchtold, *SS-Reichsführer*, qui veilla sur le drapeau. A compter de 1926, lors des congrès de la NSDAP tous les drapeaux nazis furent consacrés par contact avec le *Blutfahne*[441]. Après chaque congrès, le *Blutfahne* retrouvait sa place dans la salle d'honneur de la SA à Munich, puis à la *Fahnenhalle* (hall aux étendards) de la Maison brune. Le porteur attitré du *Blutfahne* fut Jakob Grimminger qui avait participé au putsch de la brasserie. La dernière utilisation du *Blutfahne* se fit à l'occasion d'une cérémonie d'appel sous les drapeaux du *Volkssturm* le 18 octobre 1944. Aujourd'hui le *Blutfahne* a disparu, certainement détruit au cours des combats et des bombardements qui ravagèrent l'Allemagne en 1945.

441 Davis MCGREGOR, *Flags of the Third Reich*, Osprey, London 19945, p.4.

LE « BLUTORDEN » ET LA COMMEMORATION DU PUTSCH

Le putsch de la brasserie constitua un événement majeur dans l'histoire du nazisme et fit toujours l'objet de la part des nazis d'une vaste propagande. Ainsi, la commémoration de ce putsch avorté fut instaurée dès l'année suivante, mais après l'accession au pouvoir d'Hitler cette commémoration prit des proportions gigantesques.

Le premier volume de *Mein Kampf* fut dédié à la mémoire des seize putschistes qui trouvèrent la mort le 9 novembre 1923. Hitler décida également de la création de la médaille du *Blutorden*, la plus haute distinction de la NSDAP. Cette médaille fut attribué en premier lieu à tous les participants du putsch appartenant au parti nazi. En 1935, Hitler fit dresser sur la Königsplatz deux mausolées à la gloire des seize putschistes morts et fit transférer leurs dépouilles. D'autre part, une plaque commémorative fut installée sur la *Feldherrnhalle*. Chaque passant se devait de faire le salut nazi lorsqu'il se trouvait devant cette plaque.

Tous les ans, Hitler et ses fidèles fêtaient l'anniversaire du putsch à la *Bürgerbräukeller*. Le *Führer* y prononçait un long discours glorifiant ce putsch. Le 8 novembre 1939, jour où l'ouvrier Georg Elser[442] tenta de l'assassiner en faisant exploser une bombe dans la salle de

442 Didier CHAUVET, *Georg Elser et l'attentat du 8 novembre 1939 contre Hitler*, Paris, L'Harmattan 2009.

la *Bürgerbräukeller* au terme d'un scénario incroyable, Hitler avait déclaré devant un auditoire enthousiaste composé de hauts dignitaires du parti :

« Notre mouvement est né de toute cette détresse, et il a pour cette raison dû prendre des décisions difficiles dès le premier jour. Et l'une de ces décisions a été la décision de la révolte des 8 et 9 novembre 1923. Cette décision a échoué en apparence à l'époque, seulement, reste toutefois que c'est de ceux qui se sont alors sacrifiés qu'ait venu le sauvetage de l'Allemagne[443]. » *(« Aus dieser ganzen Not ist unsere Bewegung entstanden, und sie hat daher auch schwere Entschlüsse fassen müssen vom ersten Tage an. Und einer dieser Entschlüsse war der Entschluss zur Revolte vom 8./9. November 1923. Dieser Entschluss ist damals scheinbar misslungen, allein, aus den Opfern ist doch erst recht die Rettung Deutschlands gekommen. »)*

---

443 Philipp BOUHLER, *Der großdeutsche Freiheitskampf-reden Adolf Hitlers vom 1. September 1939 bis März 1940*, Zentral-Verlag der NSDAP, München 1940.

LE RAPPORT SOLLMANN

Ce rapport fut rédigé par le ministre de l'Intérieur Friedrich Wilhelm Sollmann a la demande du chancelier Gustav Stresemann. Ce texte dresse le tableau de la situation en Bavière en août 1923. Il permet d'éclairer le lecteur sur les nombreux griefs que le gouvernement de Berlin entretenait sur l'action du gouvernement bavarois, notamment le très grand laxisme dont faisait preuve le gouvernement bavarois envers Hitler et la SA :

« I. Le gouvernement bavarois s'applique visiblement à échapper autant qu'il peut au droit de contrôle établi au profit du gouvernement du *Reich* dans l'article 15 de la Constitution du *Reich*. Il suit en cela la tactique de la résistance passive en ne répondant pas depuis maintenant un an aux nombreuses demandes d'explications du gouvernement du *Reich* ou bien en ne répondant que lorsque les plaintes en question ne sont plus actuelles. A cet égard, il convient de mentionner en particulier les cas suivants :

1° Par lettre du 28 février 1923 - VII 920 - une demande d'explications a été adressée au ministère bavarois de l'Intérieur au sujet de l'organisation Blücher. Une documentation précise a été envoyée et on a demandé de l'examiner. Plus tard, lorsque l'on sut que des membres de l'organisation Blücher étaient impliqués dans l'affaire de haute trahison Fuchs-Machaus, cela fut communiqué le 28 avril 1923 et l'on demanda alors que l'on prenne bientôt position. Le 28 mai, on rappela à nouveau que les deux lettres demandaient une réponse. M. le ministre de l'Intérieur bavarois n'a pas jugé jusqu'à maintenant

nécessaire de nous faire l'honneur d'une réponse ou d'une réponse provisoire.
2° Par lettre du 15 mai 1923 - VII 2697 - à la suite de nouvelles sensationnelles au sujet de vastes préparatifs militaires des nationaux-socialistes, on demanda des éclaircissements au sujet de ces événements. Par lettre du 7 juin, puis du 3 juillet, on rappela qu'il convenait de répondre à la demande d'explications. On n'a pas reçu de réponse à ce jour.
3° Par lettre du 29 mars 1923 - VII 1617 -, en vue de répondre à une note de la commission de contrôle interalliée, on a demandé au ministère bavarois de l'Intérieur de communiquer les règlements en vigueur en Bavière pour la livraison et la destruction des armes découvertes. Par lettre du 12 avril - 2501 C 20 -, le ministre bavarois de l'Intérieur a simplement communiqué qu'il « n'avait pas édicté de règlements particuliers pour la livraison des armes découvertes. » Sur quoi, on a fait remarquer par lettre du 25 mai - VII 2492 - qu'en raison des deux instructions du ministre de l'Intérieur du *Reich* du 1er juillet 1921 - II C 6251 - et du 24 août 1921 - II C 6814 - des directives devaient être données aux autorités de police bavaroises sur la saisie des surplus d'armes découverts. En se référant dans cette lettre à l'urgence qu'il y avait à répondre à la note de la commission interalliée, on demanda à nouveau communication des directives. Le 3 juillet 1923 puis le 2 août, on a rappelé à nouveau d'une façon insistante qu'il convenait de satisfaire cette demande. Aucune réponse n'a été reçue. Par contre, tous les autres gouvernements des états allemands ont naturellement répondu depuis longtemps à cette question.

II. En vertu d'une ordonnance d'exception du gouvernement Hoffmann, les « Tribunaux du Peuple » sont aujourd'hui encore en activité en Bavière. Ils ont une base juridique sur le plan du *Reich* dans l'article 178 paragraphe 3 de la Constitution du *Reich* selon lequel les ordonnances des autorités, qui furent prises d'une façon juridique valable en vertu des lois existantes, restent valables même au-delà de l'entrée en vigueur de la nouvelle Constitution du *Reich.* Par conséquent, il n'y a rien à objecter contre l'admissibilité juridique des « Tribunaux du Peuple » pour la période suivant immédiatement l'entrée en vigueur de la Constitution du *Reich*, mais il faut remarquer que l'article en question appartient aux dispositions transitoires et finales. Une disposition transitoire de cette sorte ne justifie pas l'introduction d'institutions qui existent maintenant en Bavière depuis plus de trois ans. Les « Tribunaux du Peuple » bavarois ne peuvent plus maintenant se fonder sur une telle disposition transitionnelle, mais doivent être désormais considérés comme manquant d'une base constitutionnelle. Indiquons ici seulement en passant les fortes objections de procédure qui existent contre l'institution des « Tribunaux du Peuple », dans la mesure où ni l'élaboration d'une accusation écrite n'est prescrite ni un moyen de droit n'est donné contre les décisions des « Tribunaux du Peuple ». Indiquons de même les objections qui existent contre le fait que la haute trahison en Bavière est jugée non plus par le Tribunal du *Reich*, mais par les Tribunaux du Peuple bavarois et d'une manière qui ne correspond pas aux conceptions juridiques du *Reich*, ce qui met très sérieusement en danger l'unité du *Reich*.

III. De graves différends existent entre le gouvernement du *Reich* et le gouvernement bavarois au sujet de l'interprétation et de l'application de l'article 48 de la Constitution du *Reich* et en particulier du 3e paragraphe de cet article. Ce paragraphe, qui contient le droit pour les gouvernements des états allemands, en cas de péril imminent, de prendre eux-mêmes des mesures provisoires pour rétablir l'ordre et la sécurité publiques, a été introduit par la commission de l'Assemblée nationale dans le projet de Constitution, qui ne prévoyait pas de donner de tels pouvoirs aux gouvernements des états allemands, cela en raison des conditions extrêmement troublées qui prévalaient à l'époque. Le motif invoqué était que jusqu'à l'intervention du Président du *Reich*, il fallait donner aux autorités centrales des états allemands la possibilité de prendre elles-mêmes les premières dispositions au nom du *Reich*. Ces pleins pouvoirs des gouvernements des états allemands leur sont certes donnés directement par la Constitution, de telle sorte qu'ils ne sont pas à proprement parlé dérivés des pouvoirs du Président du *Reich*. Cependant, il en résulte du texte et de la genèse qu'il ne devrait s'agir ici que de mesures préalables en ce sens que le Chef de l'État était incapable d'intervenir immédiatement et pour éviter que le retard apporté à l'intervention du Président du *Reich* ne cause un dommage irréparable. Le gouvernement bavarois n'en tient pas le moindre compte. Il maintient qu'il s'agit ici de pleins pouvoirs autonomes, qui n'ont aucun rapport avec les pleins pouvoirs donnés au Président du *Reich*. S'appuyant sur l'article 48, il prend des dispositions qui, on le sait, ne correspondent ni aux intentions du Président du *Reich* ni à celles du gouvernement du *Reich*. Le gouvernement bavarois abuse donc, pour faire une politique dirigée contre le *Reich,* des pleins pouvoirs qui lui ont été donnés par les instances constituantes par le truchement de la Constitution du *Reich.*

IV. Au sujet de l'application de la « Loi de Protection[444] », un accord a été conclu en août 1922 entre le gouvernement du *Reich* et le gouvernement bavarois à la suite de longues négociations, accord auquel s'est tenu scrupuleusement le *Reich* en dépit de doutes sérieux. Même du côté bavarois, aucune plainte n'a été formulée selon laquelle le *Reich* ne se serait pas tenu à cet accord. Il en va autrement pour la Bavière. La Bavière considère d'une façon purement unilatérale cet accord qui a pour objet la reconnaissance et l'exécution de la loi de Protection en échange de certaines atténuations de la part du *Reich.* La Bavière réclame l'exécution des promesses du *Reich.* Elle refuse en pratique d'une manière constante l'exécution de la Loi de Protection. A ce propos, rappelons en particulier l'activité révolutionnaire des troupes d'assaut nationales-socialistes et de tout le mouvement de Hitler en contradiction avec les dispositions de la Loi de Protection. En décidant d'interdire le parti national-socialiste ouvrier allemand en Prusse, la Cour de Justice pour la protection de la République s'est saisie de l'occasion pour s'occuper aussi du mouvement de Hitler et des troupes d'assaut nationales-socialistes qui sont en étroit rapport avec le parti. La Cour de Justice a déclaré dans sa décision que le parti de Hitler et en particulier ses troupes d'assaut devaient être considérées comme une organisation ennemie de l'État, s'efforçant de miner la forme républicaine de l'État, telle qu'elle a été fixée dans la

444 Il s'agit ici du texte de loi voté après l'assassinat du ministre Walther Rathenau.

Constitution. Le gouvernement bavarois n'a pris aucune mesure en application de la Loi de Protection bien qu'il s'agisse là d'une action punissable au sens du paragraphe 7 numéro 4 de la Loi de protection et qu'il existe aussi pour le gouvernement bavarois la possibilité d'interdire en application du paragraphe 14 de la Loi de Protection, les troupes d'assaut comme toutes les réunions, défilés et manifestations du parti de Hitler et cela bien que le ministre de l'Intérieur bavarois en ait été spécialement averti par une lettre du ministre de l'Intérieur du *Reich*, envoyée en même temps que le jugement. On doit ressentir comme particulièrement pénible pour le prestige du *Reich* le fait que les poursuites pénales fondées sur la Loi de Protection sont simplement inexécutables en Bavière. Les mandats d'arrêt ne sont pas exécutés par les autorités bavaroises. Rappelons seulement les mandats d'arrêt délivrés contre les rédacteurs du *Miesbacher Anzeiger*, Martin Wagner et Dietrich Eckart. De même le rédacteur du *Stassfurter Tageblatt* , Hottenrot, condamné par la Cour de Justice à une peine de prison assez longue, put s'enfuir à Bad Tölz en Bavière. La Bavière est franchement devenue un asile pour criminels politiques.

V. En étroit rapport avec l'activité des troupes d'assaut nationales-socialistes en Bavière, il y a aussi en Bavière l'activité d'une série d'autres organisations, de l'organisation « C[445] », du *Wickingerbund* , du *Blücherbund* et en particulier du *Reichsflagge*. Le *Reichsflagge* n'est rien d'autre qu'une troupe armée, organisée militairement et poursuivant des buts hostiles à la République. Elle exerce en Bavière, comme les troupes d'assaut nationales-socialistes, une terreur qui est

445 Il s'agit ici de l'organisation Consul.

incompatible avec le concept d'un État où règne l'ordre et le droit. Pour ne citer qu'un seul cas, rappelons l'incident de Feucht où une réunion de sociaux-démocrates majoritaires fut interrompue par la violence. Le *Reichsflagge* tira dans les fenêtres de la salle de réunion avec le résultat que la police d'État bavaroise dispersa l'assemblée au lieu d'assurer le déroulement paisible de la réunion.

VI. La correspondance entre le gouvernement du *Reich* et le gouvernement bavarois traite aussi pour une bonne part des informations rassemblées et exploitées par les instances du *Reich* concernant la situation en Bavière. Une lettre du ministre de Bavière à Berlin, von Preger, va jusqu'à dire que si le *Reich* entretient en Bavière son propre service de renseignements, cela doit être considéré comme de l'« espionnage ». Prendre position en Bavière pour l'idée du *Reich*, et en particulier transmettre directement des informations aux instances du *Reich* est considéré en Bavière comme une haute trahison. Le maire de Nuremberg, Luppe, avait fait remarquer à l'ancien ministre bavarois Hamm qui était alors secrétaire d'État, qu'au cas où les nationaux-socialistes feraient tomber le gouvernement bavarois, il pourrait être nécessaire d'envoyer la *Reichswehr* à Nuremberg. Le gouvernement bavarois lui demanda par voie disciplinaire de lui rendre compte de cette action, qui en fait n'avait eu lieu que pour sauvegarder les intérêts de la Bavière comme ceux du *Reich*.

VII. Au total, il apparaît dans tous les domaines que le gouvernement bavarois s'efforce non pas d'appliquer loyalement la Constitution du *Reich* mais de la violer autant que possible au profit des desiderata particuliers bavarois. A ce propos, il faut noter les efforts de la Bavière en vue de regagner sa souveraineté financière et d'organiser à nouveau toute une administration financière bavaroise, pour les trois quarts aux frais du *Reich* en ce qui concerne les dépenses de personnel. Tout récemment s'est ajoutée l'émission autonome de billets de banque par la Banque d'État bavaroise, avec la permission du gouvernement bavarois, mais contrairement à la Constitution et aux lois du *Reich*. Contentons-nous d'une allusion aux efforts tendant à obtenir à nouveau la souveraineté en matière de chemins de fer. Mentionnons aussi l'opposition de la Bavière à ce que soit édictée une loi du *Reich* concernant l'extradition, loi par laquelle le *Reich* prendrait en charge l'exécution des traités d'extradition conclus entre l'Empire allemand et l'étranger. La Légation de Bavière à Berlin a formulé au nom du gouvernement bavarois lors de la discussion de cette loi des exigences visant à réintroduire la décentralisation qui existait avant 1871 et refusant aussi de reconnaître la situation qui a existé de 1871 à 1919 dans l'Empire allemand. Au total, il faut remarquer que tous ces efforts, que l'on peut déceler dans presque tous les domaines, poursuivis avec ténacité, énergie et persévérance, doivent conduire en définitive à la destruction de l'unité du *Reich* et exercent déjà une influence paralysante sur l'action du gouvernement du *Reich* en particulier à l'égard des autres états allemands.

VIII. Également dans la question de l'octroi aux individus par la Constitution du *Reich* de la garantie des libertés fondamentales, de sérieuses divergences de vues existent entre le *Reich* et la Bavière. L'article 118 de la

Constitution du *Reich*, qui supprime la censure, n'est pas suffisamment respecté. Le gouvernement bavarois ne veut pas en particulier admettre que la censure des affiches également n'est plus compatible avec la Constitution du *Reich* et qu'elle ne peut pas être réintroduite même d'une façon détournée. Le gouvernement bavarois va jusqu'à prétendre que les proclamations publiques du gouvernement du *Reich* ne peuvent être affichées que si elles ont été autorisées au préalable par lui. Les mêmes griefs peuvent être formulés concernant l'application du droit de réunion. L'article 123 de la Constitution du *Reich* n'est pas respecté dans bien des cas. Ces derniers jours, une réunion communiste du député au *Reichstag* Thomas a été interdite pour le motif que les réunions communistes troublent l'ordre et la sécurité publiques et pour cette raison doivent être interdites en vertu de la loi d'exécution bavaroise du code de procédure criminelle. Que cette loi d'exécution n'est valable que dans la mesure où elle ne va pas à l'encontre de la Constitution du *Reich* et en particulier de l'article 123, semble ne pas avoir été porté à la connaissance des autorités de police par le gouvernement bavarois. De même, l'article 109 paragraphe 4 de la Constitution du *Reich* qui permet de conférer des titres pour désigner un office ou une profession, est négligé par le gouvernement bavarois. La Bavière confère encore maintenant les titres de *Justizrat* et de *Geheimer Sanitätsrat* pour simple motif d'ancienneté. Cela a déjà eu le résultat que le gouvernement de Lippe a demandé au gouvernement du *Reich* si les dispositions de la Constitution du *Reich* étaient valables pour les petits états et pas pour les grands.

URTEIL IM HITLER-PROZEβ
(VERDICT DU PROCES D'HITLER)[446]

I. Von den Angeklagten

1.) H i t l e r Adolf, geb. am 20. 4. 89 in Braunau, (Oberösterreich), Schriftsteller in München, seit 14. Nov. 1923 in dieser Sache in Untersuchungshaft ;

2.) L u d e n d o r f f Erich, geb. 9. 4. 65 in Kuszewia, General d. Inf. a.D., Exz., in München,

3.) P ö h n e r Ernst, geb. 11. 1. 70 in Hof a. S., Rat am Obersten Landesgericht in München, in dieser Sache vom 9. 11. 23 bis 23. 1. 24 in Untersuchungshaft gewesen ;

4.) F r i c k Wilhelm, geb. am 12. 3. 1877 in Alsenz, B.A. Rockenhausen, Oberamtmann der Polizeidirektion München, Dr. jur. in dieser Sache seit 9. 11. 23 in Untersuchungshaft ;

5.) W e b e r Friedrich, geb. am 30. 1. 1892 zu Frankfurt a. M., Assistent an der tieräztl. Fakultät der Universität München, Dr. med. vet., in dieser Sache seit 9. 11. 23 in Untersuchungshaft ;

6) R ö h m Ernst, geb. am 28. 11. 87 in München Hauptmann a.D. in München, in dieser Sache seit 9. 11. 23 in Untersuchungshaft ;

446 Le document ci-dessus est une reproduction fidèle du document original.

7.) B r ü c k n e r Wilhelm, geb. am 11. 12. 84 in Baden-Baden, Oberleutnant d. Res. a.D. und Studierender der Staatswissenschaffen in München, seit 23. 11. 23 in dieser Sache in Untersuchungshaft ;

8.) W a g n e r Robert, geb. am 13. Okt. 1895 in Lindach, Kreis Moosburg (Baden), Leutnant in München, vom 16. November 23 bis 14. Febr. 1924 in dieser Sache in Untersuchungshaft gewesen,

9.) K r i e b e l Hermann, geb. am 20. 1. 76 in Germersheim, Oberstleutnant a.D. in München, in dieser Sache seit 16. 1. 24 in Untersuchungshaft ;

10.) P e r n e t Heinz, geb. am 5. 9. 96 in Berlin-Charlottenburg, Oberleutnant a.D. und Bankbeamter in München, vom 16. 11. 23 bis 9. 2. 24 in dieser Sache in Untersuchungshaft gewesen, werden verurteilt :

H i t l e r, W e b e r, K r i e b e l, und P ö h n e r

jeder wegen eines Verbrechens des Hochverrats je zu

fünf Jahren Festungshaft,

ab bei Hitler vier Monate zwei Wochen, Weber vier Monate // drei Wochen, Kriebel und Pöhnor je zwei Monate zwei Wochen Untersuchungshaft,

sowie jeder zur Geldstrafe von zweihundert Goldmark, ersatzweise zu je weiteren zwanzig Tagen Festungshaft ;

B r u c k n e r, R ö h m, P e r n e t, W a g n e r und F r i c k

jeder wegen eines Verbrechens der Beihilfe zu einem Verbrechen des Hochverrats zu je einem Jahr drei Monate Festungshaft, ab bei Brückner vier Monate eine Woche, Röhm und Frick je vier Monate drei Wochen, Pernet und Wagner je 2 Monate 3 Wochen Untersuchungshaft, sowie jeder zur Geldstrafe von einhundert Goldmark ersatzweise zu je weiteren zehn Tagen Festungshaft, sowie endlich alle zu den Kosten.

II. L u d e n d o r f f wird von der Anklage eines Verbrechens des Hochverrats unter Ueberbürdung der ausscheidbaren Kosten auf die Staatkasse freigesprochen.

III. Die Haftanordnungen gegen Frick, Röhm und Brückner werden aufgehoben.

B.

B e s c h l u s s .

Den Verurteilten B r ü c k n e r, R ö h m, P e r n e t, W agner und F r i c k wird für den Strafrest mit sofortiger Wirksamkeit Bewährungsfrist je bis 1. 4. 28 bewilligt.

Den Verurteilten H i t l e r, P ö h n e r, W e b e r und Kriebel wird nach Verbüssung eines weiteren Strafteils von je 6 Monaten Festungshaft Bewährungsfrist für den Strafrest in Aussicht gestellt.

gez. Neithardt, gez. Leyendecker, Beck, Zimmermann, gez. Herrmann.

Trois autres procès[447] furent organisés contre les membres de la *Stoßtrup* d'Hitler qui s'étaient rendus coupables d'avoir saccagé les locaux du journal socialiste *Münchener Post*, contre les putschistes qui s'étaient rendus coupables du vol de billets de banque et contre les putschistes qui s'étaient rendus coupables d'un vol d'armes et de munitions au monastère Sainte-Anne.

---

447 Harold J. GORDON, *Hitler and the Beer Hall Putsch*, Princeton University Press 1972, p.475

LES MINISTRES-PRESIDENTS DE L'ETAT LIBRE DE BAVIERE (*MINISTERPRÄSIDENT DES FREISTAATS BAYERN*)

Kurt EISNER (USPD) du 8/11/1918 au 21/2/1919.
Martin SEGLITZ par intérim du 1/3/1919 au 17/3/1919.
Johannes HOFFMANN (SPD) du 17/3/1919 au 16/3/1920.
Gustav von KAHR du 16/3/1920 au 21/9/1921.
Hugo von LERCHENFELD-KÖFERING (BVP) du 21/9/1921 au 8/11/1922.
Eugen von KNILLING (BVP) du 8/11/1922 au 1/7/1924.
Heinrich HELD (BVP) du 2/7/1924 au 10/3/1933.

GLOSSAIRE

On retrouvera ici les noms des partis politiques cités ainsi que leurs abréviations et la traduction en français.

BVP : *Bayerische Volkspartei* (Parti populaire bavarois).
DDP : *Deutsche Demokratische Partei* (Parti démocratique allemand).
DNVP : *Deutschnationale Volkspartei* (Parti populiste national allemand).
DVP : *Deutsche Volkspartei* (Parti populaire allemand).
KPD : *Kommunistische Partei Deutschlands* (Parti communiste d'Allemagne).
NSDAP : *Nationalsozialistische deutsche Arbeiterpartei* (Parti allemand national-socialiste des travailleurs).
Spartakusbund (Ligue spartakiste).
SPD : *Sozialistische Partei Deutschlands* (Parti social-démocrate d'Allemagne).
USPD : *Unabhängige Sozialistische Partei Deutschlands* (Parti socialiste indépendant d'Allemagne).
Zentrum : *Zentrumspartei* (Centre catholique).

CHRONOLOGIE

Pour une chronologie complète du nazisme, je renvoie à Thierry FERAL, *Le nazisme en dates,* Paris, L'Harmattan 2010.

15-17 avril 1918 : grèves à Berlin.
3 octobre 1918 : Max von Baden devient chancelier.
25 octobre 1918 : le député Otto Rühle demande depuis la tribune du *Reichstag* l'abdication de l'Empereur et la naissance de la révolution socialiste.
28 octobre 1918 : soulèvement des marins à Kiel.
31 octobre 1918 : 400 marins sont emprisonnés à Kiel.
5 novembre 1918 : révolte à Hambourg puis à Brême.
7 novembre 1918 : création de conseils d'ouvriers et de soldats à Brunswick, Cologne, Hanovre, Munich…
8 novembre 1918 : Kurt Eisner proclame la République de Bavière.
9 novembre 1918 : Guillaume II abdique. Philipp Scheidemann proclame la République à Berlin.
10 novembre 1918 : création du Conseil des commissaires du peuple. Le chancelier et le haut commandement envoient à la commission d'armistice allemande les pleins pouvoirs en vue de la signature.
11 novembre 1918 : signature de l'Armistice.
12 novembre 1918 : création du BVP (*Bayerische Volkspartei*), Parti populaire bavarois.
20 novembre 1918 : création du DDP (*Deutsche Demokratische Partei*), Parti démocratique allemand.
24 novembre 1918 : création du DNVP (*Deutschnationale Volkspartei*), Parti populaire national-allemand.

15 décembre 1918 : création du DVP (*Deutsche Volkspartei*), Parti populaire allemand.

16-21 décembre 1918 : congrès des conseils d'ouvriers et de soldats du *Reich*. Majorité absolue en faveur du SPD.

23-25 décembre 1918 : Noël sanglant.

29 décembre 1918 : l'USPD se retire du Conseil des commissaires du peuple.

30 décembre 1918 : création de la KPD (*Kommunistische Partei Deutschlands*), Parti communiste d'Allemagne.

4 janvier 1919 : destitution du préfet de police de Berlin Emil Eichhorn (USPD). Appel unitaire de protestation de l'USPD et du KPD.

5-15 janvier 1919 : insurrection « spartakiste » de l'USPD et de la KPD connue sous le nom de « Semaine sanglante ».

5 janvier 1919 : création du DAP (*Deutsche Arbeiter partei*).

7 janvier 1919 : grèves à Brunswick et Hambourg.

9 janvier 1919 : combats à Berlin et Spandau. Violences à Dresde.

10 janvier 1919 : l'armée ouvre le feu sur des manifestants à Stuttgart.

15 janvier 1919 : assassinat de Karl Liebknecht et Rosa Luxemburg.

19 janvier 1919 : élection de l'Assemblée constituante.

6 février 1919 : réunion de l'Assemblée nationale à Weimar.

11 février 1919 : Friedrich Ebert est nommé premier président du *Reich*.

12 février 1919 : Philipp Scheidemann est nommé chancelier.

21 février 1919 : le comte Arco auf Valley assassine Kurt Eisner.

22 février 1919 : Munich placée sous le régime de l'état de siège.
3 mars 1919 : grève générale à Berlin.
8 mars 1919 : l'armée écrase la révolte de Berlin.
31 mars 1919 : grève générale dans la Ruhr jusqu'au 28 avril.
7 avril 1919 : proclamation à Munich de la République des Conseils.
1er mai-4 mai 1919 : des troupes avec à leur tête le capitaine Ernst Röhm mettent un terme à la République des Conseils de Bavière.
21 juin 1919 : Gustav Bauer est nommé chancelier.
28 juin 1919 : signature du Traité de Versailles.
11 août 1919 : promulgation de la Constitution de Weimar.
12 septembre 1919: Hitler assiste pour la première fois à une réunion du DAP.
5 décembre 1919 : fin de l'état de siège à Berlin.
13-16 mars 1920 : putsch de Kapp.
14 mars 1920 : putsch de l'*Orgesch* à Munich.
27 mars 1920 : Hermann Müller est nommé chancelier.
6 juin 1920: premières élections du *Reichstag*.
21 juin 1920 : Konstantin Fehrenbach est nommé chancelier.
2 février 1921 : manifestation dans l'ensemble du *Reich* contre les accords sur les réparations de guerre.
3 février 1921 : premier discours d'Hitler au cirque Krone.
8 mars 1921 : occupation de Duisbourg, Düsseldorf par les Alliés.
20 mars 1921 : insurrection communiste à Hambourg.
10 mai 1921 : Joseph Wirth est nommé chancelier.
11 mai 1921 : l'Allemagne cède devant l'ultimatum allié au sujet des réparations de guerre.
29 juillet 1921 : Hitler devient président de la NSDAP.

26 août 1921 : assassinat de Matthias Erzberger.
29 août 1921 : proclamation de l'état de siège par le président du *Reich*.
26 octobre 1921 : Joseph Wirth se succède à lui-même.
10 mars 1922 : le gouvernement allemand exige le retrait de tous les bâtiments publics des symboles de la monarchie.
16 avril 1922 : signature du traité de Rapallo entre l'Allemagne et la Russie.
4 juin 1922: tentative d'assassinat de Philipp Scheidemann par l'Organisation Consul.
24 juin 1922 : assassinat de Walther Rathenau par l'Organisation Consul.
21 juillet 1922 : loi pour la protection de la République.
11 août 1922 : Hitler tient un important meeting politique sur la Königsplatz de Munich.
14-15 octobre 1922 : Journée allemande à Cobourg.
30 octobre 1922 : Benito Mussolini marche sur Rome.
22 novembre 1922 : Wilhelm Cuno est nommé chancelier.
11 janvier 1923 : les troupes françaises et belges entrent dans le bassin de la Ruhr.
13 janvier 1923 : début de la résistance « passive ».
8 février 1923 : le journal nazi *Völkischer Beobachter* devient quotidien.
31 mars 1923 : des soldats français ouvrent le feu sur une manifestation des ouvriers des aciéries Krupp.
1er mai 1923 : échec d'Hitler pour les défilés du 1er mai.
26 mai 1923 : exécution par les français de Leo Schlageter, saboteur membre de la NSDAP.
1er juin 1923 : Alfred Rosenberg prend la tête du *Völkischer Beobachter*.
13 août 1923 : Gustav Stresemann est nommé chancelier.
1-2 septembre 1923 : discours d'Hitler à Nuremberg

devant 100 000 personnes.
26 septembre 1923 : état de siège en Bavière.
27 septembre 1923 : état de siège sur l'ensemble du *Reich.*
6 octobre 1923 : Gustav Stresemann se succède à lui-même.
15 octobre 1923 : création de la *Rentenbank.*
19 octobre 1923 : conflit entre la Bavière et le *Reich.*
8-9 novembre 1923 : putsch de la brasserie.
13 novembre 1923 : Hitler est enfermé dans la forteresse de Landsberg am Lech.
15 novembre 1923 : introduction du *Rentenmark.*
30 novembre 1923 : Wilhelm Marx est nommé chancelier.
9 janvier 1924 : assassinat du leader de la « République du Rhin » à Speyer.
26 février 1924 : début du procès du putsch de la brasserie.
1er mars 1924 : fin de l'état de siège.
1er avril 1924 : verdict du procès de la brasserie.
4 mai 1924 : élections au deuxième *Reichstag.*
29 août 1924: acceptation du plan Dawes par le *Reichstag.*
7 décembre 1924 : élections au troisième *Reichstag.*
20 décembre 1924 : libération d'Hitler qui quitte la forteresse de Landsberg.

INDEX

* Adolf HITLER étant mentionné dans la plupart des pages, son nom ne figure donc pas dans cet index.

BIBLIOGRAPHIE

Bundesarchiv, Potsdamer Straße 1, 56075 Koblenz.
Bundesarchiv, Wiesentalstraße 10, 79115 Freiburg.
Bundesarchiv, Finckensteinallee 63, 12205 Berlin.
Bayerisches Hauptstaatsarchiv, Schönfeldstraße 5-11, 80539 München.

I. BIBLIOGRAPHIE GENERALE

Gilbert BADIA, *Histoire de l'Allemagne contemporaine*, 2 vol., Paris, Editions Sociales 1964.

Christian BAECHLER, *L'Allemagne de Weimar 1919-1933*, Paris, Fayard 2007.

Jacques BARIETY, Jacques DROZ, *République de Weimar et régime hitlérien 1918-1945*, Paris, Hatier 1973.

Serge BERSTEIN, Pierre MILZA, *L'Allemagne de 1870 à nos jours*, Paris, Armand Colin 2003.

Yves BILLARD, *Le monde de 1914 à 1945*, Paris, Ellipses 2006.

Philippe BOUCHET: *La République de Weimar,* Paris, Ellipses, 1999.

Karl Dietrich BRACHER, *Die Deutsche Diktatur,* Köln, Kiepenheuer und Witsch 1969.

Karl Dietrich BRACHER, Manfred FUNKE, Hans Adolf JACOBSEN, *Die Weimarer Republik 1918-1933, Politik, Wirtschaft, Gesellschaft, Bundeszentrale für politische Bildung*, Bonn 1987.

Henri BURGELIN, *La Société allemande 1871-1968*, Paris, Arthaud 1969.

F.L. CARSTEN, *The Reichswehr and Politics 1918-1933*, Oxford 1966.

Georges CASTELLAN : *L'Allemagne de Weimar 1918-1933,* Paris, Armand Colin 1972.

C. CHARLE, *La Crise des sociétés impériales, Allemagne, France, Grande-Bretagne, 1900-1940*, Paris, Seuil 2001.

F.G. DREYFUS, *L'Allemagne contemporaine: 1875-1990*, Paris, PUF

Jacques DROZ, *Histoire de l'Allemagne*, Paris, PUF 2003.
Micheal EPKENHANS, *Geschichte Deutschlands: Von 1648 bis heute*, Theiss 2008.
Karl D. ERDMANN, *Die Weimarer Republik*, Gebhardt Handbuch der deutsche Geschichte, Band 19, München, DTV 1992.
Erich EYCK, *Geschichte der Weimarer Republik*, 2 vol., Zurich, Rentsch Verlag 1954.
Peter GAY, *Le suicide d'une république: Weimar 1918-1933*, Paris, Gallimard 1995.
Ulrich KLUGE, *Die Weimarer Republik,* Berlin, Schöningh UTB 2006.
Eberhard KOLB, *Deutschland 1918-1933. Eine Geschichte der Weimarer Republik,* München, Oldenbourg 2010.
Walter LAQUEUR, *Weimar 1918-1933*, Paris, Robert Laffont 1979.
Peter LONGERICH, *Die erste Republik: Dokumente zur Geschichte des Weimarer Staates*, München, Piper 1992.
Gunther MAI, *Die Weimarer Republik*, München, Beck 2009.
Horst MÖLLER, *Die Weimarer Republik*, München, Deutscher Taschenbuch Verlag 2004.
Patrice NEAU, *L'Empire allemand*, Paris, PUF 1997.
T. NIPPERDEY, *Deutsche Geschichte 1866-1918*, 2 vol., München, Beck 1993.
Raymond POIDEVIN : *Histoire de l'Allemagne,* Paris, Hatier, 1992.
Friedrich PRINZ, *Die Geschichte Bayerns*, München, Piper Taschenbuch 2006.
Lionel RICHARD, *La vie quotidienne sous la République de Weimar , 1919-1933*, Paris, Hachette 2000.
F. ROUSSEAU, *Guerres, paix et sociétés, 1911-1946*, Paris, Atlande 2004.
Hugo SCHULZE, *Weimar. Deutschlands 1917-1933*, Berlin, Siedler Verlag 1982.
Albert SCHWARZ, *Die Weimarer Republik*, Konstanz 1958.
Rita THALMANN : *La République de Weimar,* Paris, PUF, 1991.
Albert VERMEIL, *L'Allemagne contemporaine, sociale, politique, culturelle*, 2 vol., Paris, Aubier 1952.
Alfred WAHL: *L'Allemagne de 1918 à 1945,* Paris, Armand Colin, 2004.
Alfred WAHL, *Les forces politiques en Allemagne 19e - 20e siècle*, Paris, Armand Colin 1999.
Heinrich August WINKLER, *Histoire de l'Allemagne 19e et 20e*

siècle: le long chemin vers l'Occident, Paris, Fayard 2005.
Heinrich August WINKLER, *Weimar 1918-1933. Die Geschichte der ersten deutschen Demokratie*, München, CH Beck 2005.
Andreas WIRSCHING, *Die Weimarer Republik: Politik und Gesellschaft,* München, Oldenbourg Wissenschaftsverlag 2008.

II. BIBLIOGRAPHIE DU CHAPITRE I

Denis AUTHIER, Jean BARROT, *La Gauche communiste en Allemagne (1918-1921)*, Paris, Payot, 1976.
Gilbert BADIA, *Le Spartakisme. Les dernières années de Rosa Luxemburg et de Karl Liebknecht 1914-1919*, Paris, Aden, 1967.
Gilbert BADIA, *Les Spartakistes; 1918: l'Allemagne en révolution*, Paris 1966.
Jacques BENOIST-MECHIN, *Histoire de l'armée allemande*, Paris, Albin Michel 1936.
Charlotte BERADT, *Paul Levi. Ein demokratischer Sozialist in der Weimarer Republik,* Frankfurt/Main, Europäische Verlagsanstalt 1969.
Joseph A. BERLAU, *The German social-democratic Party 1914-1921*, Oxford 1950.
Eduard BERSTEIN, *Die deutsche Revolution von 1918/19 : Geschichte der Entstehung und ersten Arbeitsperiode der deutschen Republik,* Dietz Verlag J.H.W. Nachf 1998.
Waldemar BESSON, *Friedrich Ebert. Verdienst und Grenze*, Göttingen, Muterschmidt 1963.
Hans BEYER, *Die Revolution in Bayern 1918/19.* 2. Auflage, Berlin (Ost), Deutscher Verlag der Wissenschaften 1988.
Hans-Joachim BIEBER, *Bürgertum in der Revolution*. Hamburg, Hans Christians Verlag, 1992.
Karl BRAMMER, *Fünf Tage Militärdiktatur. Dokumente zur Gegenrevolution*, Berlin, Verlag für Politik und Wirtschaft Berlin W35, 1920.
Pierre BROUE, *Révolution en Allemagne (1917-1923),* Paris, Editions de Minuit 1971.
Karl BUCHHEIM, *Die Weimarer Republik. Grundlagen und politische Entwicklung*, München 1960.
Enzo COLLOTI, *Die Kommunistische Partei Deutschlands 1918-1933. Ein bibliographisches Beitrag*, Milan 1961.

Ulrich CZISNIK, *Gustav Noske. Ein sozialdemokratischer Staatsman*, Göttingen, Musterschmidt 1969.

JS. DRABKIN, *Die Novemberrevolution 1918 in Deutschland*, Berlin 1968.

Sonia DAYAN-HERZBRUN, *L'invention du parti ouvrier allemand: aux origines de la social-démocratie*, Paris, L'Harmattan 1990.

Jacques DROZ, *L'Allemagne. Dictionnaire biographique du mouvement ouvrier international*, Paris, éditions Ouvrières 1990.

Alfred EBERLEIN, *Die Presse der Arbeiterklasse und der sozialen Bewegung*, 4 vol., Berlin 1968-1969.

Emil EICHHORN, *Meine Tätigkeit im Berliner Polizeipräsidium und mein Anteil an den Januar-Ereignissen*, Berlin 1919.

Freya EISNER, *Kurt Eisner: die Politik des libertären Sozialismus,* Suhrkamp, Frankfurt am Main 1979.

Kurt EISNER, *Die halbe Macht den Räten*, Köln, Hegner 1969.

Johannes ERGER, *Der Kapp-Lüttwitz-Putsch. Ein Beitrag zur deutschen Innenpolitik 1919/20*, Düsseldorf, Droste 1967.

Ossipk FLECHTHEIM, *Le Parti communiste allemand sous la République de Weimar*, Paris, François Maspero 1972.

Paul FROLICH, *Rosa Luxemburg*, Paris L'Harmattan, 1991.

Klaus GIETINGER, *Der Konterrevolutionär. Waldemar Pabst. Eine deutsche Karriere.* Hamburg, Edition Nautilus, 2009.

Harold J. GORDON, *The Reichswehr and the German Republic 1919-1926*, Princeton 1957.

Bernhard GRAU, *Kurt Eisner: 1867–1919. Eine Biografie,* München, Beck 2001.

Karl GRÜNBERG, *Brennende Ruhr,* Berlin,Verlag Neues Leben 1953.

Alain GUILLERM, *Rosa Luxemburg, la rose rouge*, Paris, Picollec, 2002.

Alain GUILLERM, *Le Luxembourgisme aujourd'hui, Rosa Luxembourg et les conseils ouvriers,* Paris, Spartacus 1970.

Sebastian HAFFNER, Allemagne 1918: une révolution trahie, Bruxelles, Complexe 2001.

Sebastian HAFFNER, *Die deutsche Revolution 1918/1919.* Hamburg, Rororo 1979.

Elie HALEVY, *Histoire du socialisme européen*, Paris, Gallimard 2006.

Elisabeth HANNOVER-DRÜCK, Heinrich HANNOVER, *Der Mord an Rosa Luxemburg und Karl Liebknecht. Dokumentation eines*

politischen Verbrechens, Frankfurt-am-Main, Suhrkamp, 1965.
Oskar HIPPE, *Et notre drapeau est rouge. Du Spartakusbund à la IV*[e] *Internationale*, Vichy, éditions La Brèche, 1985.
Friedrich HITZER, *Anton Graf Arco. Das Attentat auf Kurt Eisner und die Schüsse im Landtag*, Knesebeck und Schaler, München 1988.
Louis JANOVER, *Rosa Luxemburg, l'Histoire dans l'autre sens*, in Rosa Luxemburg, *Introduction à l'économie politique*, Agone & Smolny, 2009.
Doris KACHULLE, *Waldemar Pabst und die Gegenrevolution. Vorträge, Aufsätze.* Berlin, Organon, 2007.
Willy KERFF, *Karl Liebknecht 1914 bis 1916. Fragment einer Biographie,* Berlin, Dietz 1967.
Elina KIISKINEN, *Die Deutschnationale Volkspartei in Bayern in der Regierungspolitik des Freistaats während der Weimarer Zeit*, München, Beck 2005.
Eberhard KOLB, *Die Arbeitterräte in der deutschen Innenpolitik 1918/19*, Düsseldorf, Droste 1962.
Erwin KÖNNEMANN, Gerhard SCHULZE, *Der Kapp-Lüttwitz-Ludendorff-Putsch. Dokumente.* München, Olzog 2002.
Georg KOTOWSKI, *Friedrich Ebert. Eine politische Biographie*, Wiesbaden, Steiner 1963.
Annelies LASCHITZA, *Karl Liebknecht. Eine Biographie in Dokumenten.* Berlin, Aufbau Verlag 1987,
Annelies LASCHITZA, *Die Liebknechts. Karl und Sophie – Politik und Familie.* Berlin, Aufbau Verlag, 2007.
Minna LEDEBOUR, *Georg Ledebour. Mensch und Kämpfer*, Zurich, Europa Verlag 1954.
Ottokar LUBAN, *Die ratlose Rosa. Die KPD-Führung im Berliner Januaraufstand 1919. Legende und Wirklichkeit.* Hamburg, VSA 2001.
Walther von LÜTTWITZ, *Im Kampf gegen die Novemberrevolution*, Berlin 1934.
Ralph Haswell LUTZ, *The German Revolution 1918-1919*, Stanford 1968.
Ludwig MAERCKER, *Vom Kaiserheer zur Reichswehr. Geschichte der freiwilliger Landjäger Korps*, Leipzig 1922.
Wolfgang MALANOWSKI, *Novemberrevolution 1918. Die Rolle der SPD,* Francfurt/Main, Ullstein 1969.

Klaus-Michael MALLMANN, *Kommunisten in der Weimarer Republik. Sozialgeschichte einer revolutionären Bewegung*, Darmstadt, Wissenschaftliche Buchgesellschaft, 1996.

Jürgen MANTHEY, *Revolution und Gegenrevolution (August Winnig und Wolfgang Kapp*). In: Königsberg. Geschichte einer Weltbürgerrepublik. München 2005, S. 554-562.

Karl W. MEYER, *Karl Liebknecht: Man without a Country,* Washington 1957.

Allan MITCHELL, *Revolution in Bavaria 191861919; The Eisner Regime and the Soviet Republic*, Princeton, Princeton University Press 1965.

Erich MÜHSAM, *La République des conseils de Bavière*, Baye, La Digitale 1999.

J.P. NETTL, *La Vie et l'œuvre de Rosa Luxemburg*, Paris, Maspero 1972, 2 tomes.

Walter NIMTZ, *Die Novemberrevolution 1918 in Deutschland*, Berlin 1962.

Gustav NOSKE, *Von Kiel bis Kapp. Zur Geschichte der deutsche Revolution,* Berlin, Verlag für Politik und Wirtschaft 1920.

Horst NUSSER, *Konservative Wehrverbände in Bayern, Preußen und Österreich 1918-33. Mit einer Biographie des Forstrates Georg Escherich 1870-1941*. 2. Auflage. Nußer, München 1990.

Fred OELSSNER, *Rosa Luxemburg. Eine kritische biographische*, Berlin, Verlag Das Neue Wort. 1952.

Peter Von OERTZEN, *Betriebsräte in der November-Revolution*, Düsseldorf, Droste 1963.

Eugen PRÄGER, *Geschichte der USPD. Enstehung und Entwicklung der Unabhängigen Sozialdemokratischen Partei Deutschlands*, Berlin 1921.

D. PRUDHOMMEAUX, *Spartacus et la Commune de Berlin: 1918-1919*, Paris, Lefeuvre 1977.

Hans J. REICHARDT, *Kapp-Putsch und Generalstreik März 1920 in Berlin*, Berlin, Nicolaische Verlagsbuchhandlung Beuermann, 1990.

Wolfgang RIBBE, *Geschichte Berlins*, München, 2 vol., Beck 1988.

Gerhard A. RITTER, Susanne MILLER, *Die deutsche Revolution 1918-1919. Dokumente.* Frankfurt am Main, Hoffmann und Campe 1983.

Hans ROTHFELS, *Wolfgang Kapp*, in: Deutsches Biographisches Jahrbuch, Band 4, S. 132-143. Stuttgart 1922.

Joseph ROVAN, *Histoire de la social-démocratie allemande*, Paris,

Le Seuil 1979.
Wolfgang RUGE, *Novemberrevolution*, Berlin, Dietz, 1978.
A.J. RYDER, *The German Revolution of 1918*, Cambridge, London 1967.
Bernhard SAUER, *Schwarze Reichswehr und Fememorde. Eine Milieustudie zum Rechtsradikalismus in der Weimarer Republik*. Berlin, Metropol-Verlag, 2004.
Franz SCHADE, *Kurt Eisner und die Bayerische Sozialdemokratie*, Hanover, Verlag für Literatur und Zeitgeschehen 1961.
Philipp SCHEIDEMANN, *Memoiren eines Sozialdemokraten*, 2 vol., Dresden 1928.
Ludwig SCHEMANN, *Wolfgang Kapp und das Märzunternehmen vom Jahre 1920*. München / Berlin: J. F. Lehmanns Verlag, 1937.
Helmut TROTNOW, *Karl Liebknecht – eine politische Biographie*. Köln, Kiepenhauer und Witsch 1980.
E.O. VOLKMANN, *La révolution allemande*, Paris, Plon 1933.
Franz WALTER, *Die SPD: Biographie einer Partei*, Berlin, Rororo 2009.
Franz WALTER, *Die SPD. Vom Proletariat zur neuen Mitte*, Berlin, Alexander Fest Verlag 2003.
Hermann WEBER, *Der deutsche Kommunismus. Dokumente*, Köln, Kiepenhauer und Witsch 1963.
Claudie WEILL, *Rosa Luxemburg. Ombre et lumière*, Paris, Le Temps des cerises, 2009.
Wolfram WETTE, *Gustav Noske. Eine politicien Biographie*, Düsseldorf, Droste 1987.
Andreas WIEDERMANN, *Die Politik der SPD-Führung während der Novemberrevolution und ihre Folgen: KPD und Kapp-Putsch*, Grin Verlag 2010.
Kurt WROBEL, *Die Volksmarinedivision*, Berlin, Verlag des Ministeriums für Nationale Verteidigung 1957.

III. BIBLIOGRAPHIE DES CHAPITRES II ET III

Alain AMAR, Thierry FERAL, *Penser le nazisme*, Paris, L'Harmattan 2007.
Pierre ANGEL, *Hitler et les Allemands,* Paris, Ed. Sociales, 1982.
Pierre AYÇOBERRY: *La question nazie,* Paris, Seuil, 1979.
J. BARIETY, J. DROZ, *République de Weimar et régime hitlérien*,

Paris, Hatier 1973.
Heinrich BENNECKE, *Hitler und die SA*, München, Olzog 1962.
Henry BOGDAN, *Histoire de la Bavière*, Paris, Perrin 2007.
Georges BONNIN, *Le Putsch de Hitler à Munich en 1923*, Georges Bonnin éditeur, Les Sables d'Olonne 1966.
François DELPA, *Hitler,* Paris, Grasset 1999.
Ernst DEUERLEIN, *Der Hitler-Putsch, 8/9 Nov 1923*, Stuttgart, Deutsche Verlagsanstalt, 1963.
E. DEUERLEIN, *Die NSDAP,* Düsseldorf, Rauch1968.
Stephan DEUTINGER, *Gustav von Kahr. Regierungspräsident von Oberbayern 1917-1924*, München, DTV 2005.
John DORNBERG, *Hitlers Marsch zur Feldherrnhalle. München, 8 und 9 . November 1923,* München, Langen Müller 1998.
Thierry FERAL, *Anatomie d'un crépuscule,* Mazet-St-Voy, Tarmeye, 1990.
Thierry FERAL, *Le national-socialisme : approche didactique,* Paris, Ellipses, 1999.
Thierry FERAL, *Le national-socialisme : vocabulaire et chronologie,* L'Harmattan, 1998.
Thierry FERAL, *Le « nazisme » en dates (nov 1918-nov 1945)*, Paris, L'Harmattan 2010.
Thierry FERAL, *Suisse et nazisme*, Paris, L'Harmattan 2005.
Joachim FEST, *Hitler. Jeunesse et conquête du pouvoir,* Paris, Gallimard 1973.
Harold J.GORDON, *Hitler and the Beer Hall Putsch*, Princeton 1972.
Otto GRITSCHNEDER, *Bewährungsfrist für den Terroristen Adolf Hitler. Der Hitler-putsch und die Bayerische Justiz*, München, Beck 1990.
Otto GRITSCHNEDER, *Der Hitler-Prozess und sein Richter Georg Neithardt: Eine Rechtsbeugung von 1924 mit Folgen,* Mûnchen, Beck 2001.
Lothar GRUCHMANN, Reinhard WEBER, Otto GRITSCHNEDER, *Der Hitler-Prozess 1924*. 4 volumes, München Saur KG Verlag 2000.
Helmut HEIBER, *Adolf Hitler. Eine Biographie,* Berlin, Colloquium, 1960.
Adolf HITLER, *Mein Kampf*, Nouvelles éditions latines 1934.
Friedrich HITZER, *Der Mord im Hofbräuhaus. Unbekanntes und Vergessenes aus der Baierischen Räterepublik*, Frankfurt am Main, Röderberg 1981.
Hans Hubert HOFMANN, *Der Hitlerputsch. Krisenjahre deutsche*

Geschichte, 1920-1924, München, Nymphenburger 1961.
Eberhard JÄCKEL, *Hitler,* Hanover, NH 1984.
H. KALLENBACH, *Mit Hitler auf Festung Landsberg*, München, 1939.
Ian KERSHAW : *Hitler,* Paris, Flammarion, 1999.
A. KRAUS, *Geschichte Bayerns von den Anfängen bis zum Gegenwart*, München, Beck 2004.
Roland V. LAYTON, *The Völkischer Beobachter, 1920-1933: The Nazi Party Newspaper in the Weimar Era,* Central European History 1970.
E. LEON et JP. SCOT: *Le nazisme des origines à 1945,* Paris, Armand Colin, 1997.
Otto von LOSSOW, *Der Putsch am 8.November 1923; Vorgeschichte und Verlauf*. Mémoire du 12 décembre 1923.
O. LURKER, *Hitler hinter Festungsmauern*, Berlin, 1933.
Peter MANSTEIN: *Die Mitglieder und Wähler der NSDAP 1919-1933,* Peter Lang Verlag, 1988.
Werner MASER, *Hitler,* Berlin, Bechtle-Verlag, 2001.
H. MOMMSEN, *Le National-socialisme et la société allemande*, Paris, editions de la Maison des sciences de l'homme1997.
Kurt PÄTZOLD, Manfred WEISSBECKER, *Adolf Hitler, Eine politische biographie,* Leipzig, Militzke 1995.
Kurt PÄTZOLD, *Geschichte der NSDAP 1920-1945*, Leipzig, Militzke 1981.
Carl Wilhelm REIBEL, *Das Fundament der Diktatur: Die NSDAP,* Schoeningh, Berlin, 2002.
Lionel RICHARD: *D'où vient Hitler?* Paris, Autrement, 2000.
Lionel RICHARD, *Nazisme et barbarie*, Bruxelles, Complexe 2006.
Lionel RICHARD, *Le nazisme et la culture,* Paris,François Maspéro, 1978.
Jacques RIDÉ, *« A Munich en novembre 1923 »*, *Études Germaniques*, avril-juin 1970, pp. 190-196.
Arne von RÖPENACK, *KPD und NSDAP,* Berlin, Ibidem, 2002.
Mathias RÖSCH, *Die Münchner NSDAP. Eine Untersuchung zur inneren Struktur der NSDAP in der Weimarer Republik*, München Oldenbourg Wissenschaftverlag, 2002.
Ron ROSENBAUM , *Pourquoi Hitler ?* Paris, J.C.Lattès, 1998.
Paula SCHLIER, *Le journal de Petra* (trad. A. Vialatte), Cahiers des Amis d'Alexandre Vialatte, n°29/2004.
Marlis STEINERT : *Hitler,* Paris, Fayard, 1991.

Holger TÜMMLER, *Hitlers Deutschland: Die NSDAP- Partei des Führers,* Berlin, Melchio 2010.
Antoine VITKINE: *Mein Kampf, l'histoire d'un livre,* Paris, Flammarion, 2009.
T. VOGELSANG, *Der Nationalsozialismus*, Frankfurt am Main, 1968.
Georg-Franz WILLING, *Putsch und Verbotszeit der Hitlerbewegung, November 1923-Februar 1925*, Preuβisch Oldendorf 1977.
Christian ZENTNER, *Adolf Hitlers Mein Kampf. Eine Kommentierte Auswahl*, München, List Verlag 1974.
Rainer ZITELMANN, *Hitler*, München, Herbig Verlag, 1987.

REMERCIEMENTS

Mes plus vifs remerciements aux personnes et organismes officiels qui m'ont aidé lors de la rédaction de cet ouvrage.

Ambassade d'Allemagne Paris.
Bayerisches Hauptstaatsarchiv, München.
Bayerische Staatsbibliothek München.
Bundesarchiv, Koblenz.
Bundesarchiv, Freiburg.
Bundesarchiv, Berlin.
Institut für Zeitgeschichte München

Un remerciement tout particulier à Thierry FERAL, germaniste et spécialiste du nazisme, pour ses précieux conseils, sa relecture, son écoute attentive et sa disponibilité.

* Toutes les notes bas de pages sont de l'auteur.

TABLE DES MATIERES

L'HARMATTAN, ITALIA
Via Degli Artisti 15; 10124 Torino

L'HARMATTAN HONGRIE
Könyvesbolt ; Kossuth L. u. 14-16
1053 Budapest

ESPACE L'HARMATTAN KINSHASA
Faculté des Sciences sociales,
politiques et administratives
BP243, KIN XI
Université de Kinshasa

L'HARMATTAN CONGO
67, av. E. P. Lumumba
Bât. – Congo Pharmacie (Bib. Nat.)
BP2874 Brazzaville
harmattan.congo@yahoo.fr

L'HARMATTAN GUINÉE
Almamya Rue KA 028, en face du restaurant Le Cèdre
OKB agency BP 3470 Conakry
(00224) 60 20 85 08
harmattanguinee@yahoo.fr

L'HARMATTAN CAMEROUN
BP 11486
Face à la SNI, immeuble Don Bosco
Yaoundé
(00237) 99 76 61 66
harmattancam@yahoo.fr

L'HARMATTAN CÔTE D'IVOIRE
Résidence Karl / cité des arts
Abidjan-Cocody 03 BP 1588 Abidjan 03
(00225) 05 77 87 31
etien_nda@yahoo.fr

L'HARMATTAN MAURITANIE
Espace El Kettab du livre francophone
N° 472 avenue du Palais des Congrès
BP 316 Nouakchott
(00222) 63 25 980

L'HARMATTAN SÉNÉGAL
« Villa Rose », rue de Diourbel X G, Point E
BP 45034 Dakar FANN
(00221) 33 825 98 58 / 77 242 25 08
senharmattan@gmail.com

L'HARMATTAN TOGO
1771, Bd du 13 janvier
BP 414 Lomé
Tél : 00 228 2201792
gerry@taama.net

Achevé d'imprimer par Corlet Numérique - 14110 Condé-sur-Noireau
N° d'Imprimeur : 88250 - Dépôt légal : mai 2012 - *Imprimé en France*